EVA-MARIA SANDERS
—

FREUDE!

EVA-MARIA SANDERS

FREUDE!

So schön ist das Leben

nymphenburger

© 1998 nymphenburger
in der F. A. Herbig Verlagsbuchhandlung GmbH, München
Alle Rechte, auch der photomechanischen Vervielfältigung
und des auszugsweisen Abdrucks, vorbehalten.
Schutzumschlagfoto: Hörzu/Gröning
Schutzumschlaggestaltung: Wolfgang Heinzel
Satz: Schaber Satz- und Datentechnik, Wels
Gesetzt aus 10,5/13 Punkt ITC Slimbach in PostScript
Druck und Binden: Wiener Verlag, Himberg
Printed in Austria
ISBN 3-485-00785-4

Wer eine Freude an sich fesseln möchte,
stutzt dem Leben die Flügel;
aber wer die Freude küßt, wie sie ihm
zufliegt, lebt wie im
Sonnenaufgang der Unendlichkeit.

WILLIAM BLAKE

INHALT

Was ist Freude? 9

Meine Geschichte 11

Woher kommt Freude? 23

Die Freude in uns 25

Die Freude von außen 33

Ich lasse mir die Freude nicht nehmen! 41

Angst 43

Beurteilungen, Verurteilungen 57

Erwartungen, Ansprüche 65

Unglück, Krisen 77

Wie bringe ich Freude in mein Leben? 87

Partnerschaft, Ehe 89

Familie, Kinder, Erziehung 117

Körpergefühl, Ernährung 141

Sexualität, Lust 153

Spirituelles Leben und Erleben 167

Alltag 183

Freundschaft 191

Beruf, Karriere 199

So schön ist dann das Leben! 215

Literatur 220

Adressen 221

Was ist Freude?

Das, worauf es im Leben am meisten ankommt,
können wir nicht vorausberechnen.
Die schönste Freude erlebt man immer da,
wo man sie am wenigsten erwartet hat.

Antoine de Saint-Exupéry, »Wind, Sand und Sterne«

Hätten Sie mich vor fünf Jahren gefragt, was für mich Freude ist, ich hätte Ihnen schnell und leicht antworten können. »Meine Kinder«, hätte ich wahrscheinlich spontan gesagt, »ein Abendessen bei Kerzenschein mit meinem Mann«, »stundenlang tanzen« oder auch »ein wunderschönes neues Kleid«.

All das stimmt – immer noch habe ich auch daran Freude; heute ist mir jedoch bewußt, daß die hauptsächliche Quelle meiner Freude woanders entspringt. »Die beste Freude ist wohnen in sich selbst«, sagt Goethe, und das ist es, was ich meine. Das ist es, was ich erfahren durfte: Wie Freude in mein Leben kam durch das Wohnen in mir selbst.

Stellen Sie sich einmal vor, Sie seien ein Haus, Ihr eigenes Haus. Wenn Sie sich Ihr inneres Haus betrachten, wie viele Zimmer hat es? Früher hätte ich auf diese Frage geantwortet: »Zwanzig oder dreißig«. Ich dachte, mein inneres Haus solle möglichst vielseitig sein, und so gestaltete ich auch mein Leben. Ich versuchte immer, in vierundzwanzig Stunden Leben sechsunddreißig unterzubringen.

Hätten Sie mich vor fünf Jahren kennengelernt, Sie hätten gedacht, ich sei ein durchaus freudiger und lebensfroher Mensch. Freude – das hieß für mich Aktivität, Bewegung, Anerkennung anderer Menschen. Deshalb lebte ich für die Anerkennung anderer. So lange, bis das Schicksal – heute sage ich, daß es nicht das Schicksal, sondern ich selbst war – mir ein für allemal die wahren Werte des Lebens vermittelte.

Wie ich Freude erfahren habe – das ist meine eigene höchstpersönliche Geschichte, meine eigene höchstpersönliche Krise, meine eigene einzigartige Chance.

Eva-Maria Sanders

Meine Geschichte

Es spielt keine Rolle, wie schmal der Weg
und wie voll mit Strafen die Schriftrolle ist,
ich bin der Meister meines Schicksals,
ich bin der Kapitän meiner Seele.

William Henley

Nach einer Brustkrebserkrankung meiner Mutter, durch die ich, damals zwölfjährig, eine traumatische Erfahrung auch als Vertraute meiner Mutter machte, setzte sich bei mir der nie hinterfragte Gedanke fest, daß ich mit Sicherheit auch an Krebs erkranken werde.

Dieser Gedanke hat mich begleitet, solange ich denken kann, der einzige große Schatten in meiner Kindheit, meine größte Angst resultierte daraus. So groß war diese Angst, daß ich sie und alle damit verbundenen Gedanken stets zu verdrängen suchte, obwohl die Ahnung immer wieder präsent war. Auf diese Weise bestellte ich, der Kapitän meiner Seele, praktisch jeden Tag diese Krebserkrankung, verdrängte jedoch auf der anderen Seite sowohl die Angst als auch alle möglicherweise auftretenden Symptome vor mir selbst und vor anderen. Ein Grund für diese Vogel-Strauß-Politik lag in der »Prinzessinnen-Rolle«, die ich spielte. Schon in meiner Kindheit war ich für meinen Vater eine kleine Prinzessin. Auch mein Mann behandelte mich wie eine Prinzessin. Ich fühlte mich als etwas ganz Besonderes, auch wenn dies natürlich ein Produkt meiner Phantasie war und vom Außen genährt wurde. Krebs wollte ich auch deshalb nicht haben, weil Prinzessinnen schließlich keinen Krebs haben. Der zweite Grund war, daß ich damals als Kind die Behandlung der Krebskrankheit, wie ich sie bei meiner Mutter erlebte, als weitaus barbarischer empfand als die Krankheit selbst. Trotz des Verdrängens war mir klar, daß irgendwann die Sache ans Licht kommen mußte, und versuchte als Reaktion darauf, aus dem Leben herauszuholen, was möglich war, was mir als extrovertierter, das Leben grundsätzlich leicht nehmender Mensch nicht schwerfiel.

Ins Rollen kam die ganze Sache dadurch, daß mich in einem Skiurlaub 1993/94 ein Snowboardfahrer anfuhr und ich als Folge, die ich und andere immer auf den Skiunfall schoben, nicht mehr richtig laufen konnte.

Fast ein halbes Jahr tolerierte ich und auch meine Umgebung diesen Zustand, bis mein Mann schließlich auf einen Wechsel des Orthopäden drängte.

Dieser neue Arzt – sehr viel sensibler als der alte – fand bald heraus, daß die Beschwerden von etwas anderem herrühren mußten, und ließ ein Knochenszintigramm machen.

Dieses Szintigramm ließ massive Knochenmetastasen erkennen, die vor allem meinen rechten Oberschenkelknochen total zerfressen hatten (deshalb mein unsicherer Gang). Als mein Mann davon erfuhr, ließ er seine Arbeit stehen und liegen und fuhr mit mir in eine große Klinik, um eine genaue Diagnose stellen zu lassen.

Diese war niederschmetternd klar: Ein großer Primärtumor in der Brust hatte schon in fast sämtliche Knochen gestreut. Ein Ärztekolloquium informierte meinen Mann, daß die Erkrankung so weit fortgeschritten sei, daß man mir eine Prognose von sechs Wochen einräumte.

Einem Freund, der Chirurg ist und der mich am Oberschenkel operieren wollte, um mir eine menschenwürdige letzte Zeit zu ermöglichen, wurde von den Onkologen gesagt, er solle auf keinen Fall operieren, das lohne sich eh nicht mehr. Er tat es dennoch. Dabei wurde ein Teil des Oberschenkelknochens entfernt und durch eine Metallschiene ersetzt. Danach lag ich drei Wochen im Krankenhaus.

Für meinen Mann und meine nächste Umgebung war die Diagnose ein Schock, für mich kam sie eher wie ein großer Befreiungsschlag, da das Verheimlichen und Verdrängen nun ein Ende fanden.

Seltsamerweise erwachte nach der Diagnose auch ein ungeheurer Lebenswille in mir, und statt in ein tiefes Loch zu fallen, war ich sofort und zur totalen Verblüffung und Erleichterung meiner Umgebung bereit, gegen den Krebs zu kämpfen. Mir war klar, daß ich leben wollte und gesund sein wollte. Ich wußte zu dem Zeitpunkt nur nicht, wie.

Um, wie die Ärzte sagten, »Zeit zu gewinnen«, wurde in der Klinik eine starke zweiwöchige Strahlentherapie durchgeführt, die ich ungeheuer belastend fand. Nach meiner Entlassung bekam ich eine ambulante, sanfte Chemotherapie ohne Nebenwirkungen sowie eine Hormontherapie, die das Zellwachstum verlangsamen sollte.

Außerdem führte eine Ärztin, die auch Naturheilkundlerin ist, eine Mistel-, eine Thymus-, eine Vitamin- und Ozontherapie durch. Ebenso änderte ich meine Ernährung radikal.

Sicherlich waren alle diese Therapien hilfreich, mein Grundproblem und auch die Krankheit konnten sie jedoch nicht lösen. Außerdem waren sie auch nicht gerade geeignet, mich moralisch aufzubauen: Die Kostumstellung nahm mir auch noch die Freude am Essen, und die Ärzte waren der Ansicht, jegliche Therapie sei sowieso lediglich adjuvant, das heißt, sie konnte mir bestenfalls ein wenig Zeit schenken.

In bewundernswerter Weise setzte sich mein Mann, der sofort im Krankenhaus in mein Zimmer zog, für meine Gesundung ein, kaufte eine halbe Bibliothek zusammen und telefonierte mit der ganzen Welt wegen Therapiemöglichkeiten, während meine Eltern die Kinder, die damals drei und sieben Jahre alt waren, versorgten.

Einige zentrale Thesen waren mir, während ich in der Klinik lag, sehr schnell klar geworden:

Wenn mir einer aus meinem derzeitigen Dilemma heraushelfen konnte, dann nur und ausschließlich ich selbst. Wenn nicht einmal meine Ärzte glaubten, etwas für mich tun zu können, wie konnte ich dann Heilung von ihnen und ihren Therapien erwarten?

Ich hatte – heute sage ich angeblich – nicht viel Zeit.

Die Heilungsmöglichkeit konnte ausschließlich im geistig-spirituellen Bereich liegen.

Außerdem war ich als Betroffene seltsamerweise die einzige, der der Gedanke an den Tod unendlich weit weg zu sein schien. Alle wunderten sich über meine lebensbejahende Fröhlichkeit. Auch weigerte ich mich von Anfang an, die mir gestellte Prognose zu glauben. Ich gewann die Einsicht, daß das Wesentliche bei meinem Heilungsprozeß war, daß ich einen Punkt finden mußte, den ich drehen und damit die ganze Entwicklung rückwärts laufen lassen konnte. Die Frage war nur, wo ich diesen Punkt finden sollte.

In dieser Situation bekam ich über meine beste Freundin Kontakt zu einer Therapeutin, die sich Bewußtseinserweiterung und Wahrnehmung zur Lebensaufgabe gemacht hat.

Sie besuchte mich im Krankenhaus und sagte spontan: »Das ist ja ein tolles Spielchen, das Sie hier spielen. Sie tyrannisieren Ihre ganze Umgebung, und alle spielen mit. Wenn Sie aus dieser Chance, die der Krebs Ihnen gegeben hat, lernen wollen, müssen Sie aufhören, gegen sich selbst Krieg zu führen. Ich kann Ihnen eine Brücke bauen, die Ihnen eine Wende ermöglicht, aber nur Sie allein können und werden über diese Brücke gehen. Gehen Sie den anderen Weg, so ist das für mich auch in Ordnung, weil alles, was Sie tun, richtig ist, aber entscheiden Sie sich!«

Damals fand ich diese Provokation ungeheuerlich. Was erlaubte sich diese Frau! Und doch war sie die einzige, die an mein Leben glaubte. Mir eine Chance gab. Ich könnte mich aus eigener Kraft befreien.

Die Therapeutin schlug mir vor, ich solle sie nach dem Klinikaufenthalt aufsuchen und eine sogenannte Zellklärung machen, eine Methode, mit der das Unterbewußtsein erreicht wird, die Zellen befragt, Blockaden mit Licht und Farbe beseitigt werden und so die eigene Energie aktiviert bzw. die verlorene Energie wiedergewonnen wird.

Ich entschloß mich für diese Behandlung, trotz erheblicher Skepsis. »So einfach kann das doch nicht sein«, dachte ich.

Aus heutiger Sicht erkläre ich mir meine Entscheidung für diese mir damals sehr suspekt erscheinende Methode damit, daß ich so extrem zielorientiert auf eine Lösung der Situation war, daß ich einfach *jede* kleinste Chance, und sei sie noch so winzig oder in den Augen anderer gar nicht gegeben, ergreifen wollte.

Ich wollte leben – mit welcher Methode, auf welchem Wege ich das erreichen würde, war mir vollkommen egal. Ich wollte dieses Damoklesschwert, das ich mir selbst über meinen Kopf gehängt hatte, wieder loswerden. Ich wollte wieder – oder vielleicht zum ersten Mal wirklich – unbeschwert leben, einfach leben. Auch diese insgesamt doch sehr freudlose Situation mit allgemeiner Panik um mich herum, mit der plötzlich scheinbaren Reduzierung des Lebens auf eine einzige vitale Frage, wollte ich so schnell wie möglich ändern.

Noch mit Krücken verließ ich die Klinik mit dem festen Wunsch, nicht wiederzukommen – selbst den Krankenschwestern und Ärzten hatte ich nicht auf Wiedersehen, sondern adieu gesagt. Mit meinem Mann fuhr ich zu der Therapeutin.

Nach einem langen Gespräch gab sie mir für die Nacht, die ich in einem Hotel verbrachte, die Empfehlung, daß ich mir folgende Sätze immer wieder vorsagen sollte:

- Der Krieg ist vorbei.
- Der Feind ist besiegt.
- Legt die Waffen nieder und geht nach Hause.

Ihrer Meinung nach war es falsch, gegen den Krebs zu kämpfen. Die Krebszellen sind ja Teil meines Körpers und verfolgen einen Zweck, den mein Unterbewußtsein gutheißt. Kämpfe ich gegen diese Zellen, führe ich innerlich Krieg, mache aus meinem Körper ein Schlachtfeld, das Problem wird dadurch nur verschärft. Ich müsse lernen, den Krebs anzunehmen.

Diese Argumentation leuchtete mir ein, obwohl sie der gängigen Methode der Krebsbekämpfung diametral entgegengesetzt war. Ich ging deshalb ins Hotel zurück und sagte mir diese drei Sätze immer und immer wieder vor.

Der unmittelbare Effekt war ungeheuer: Erstens überkam mich eine so grenzenlose Erleichterung und Befreiung, wie ich sie noch nie erlebt hatte, darüber, daß der Krieg vorbei war.

Außerdem konnte ich faszinierenderweise vor meinem inneren Auge meine Soldaten (die Krebszellen) sehen, wie sie ihre Waffen wegwarfen und unter fröhlichem Gelächter verschwanden. Danach sank ich in einen tiefen Schlaf. Mitten in der Nacht erwachte ich, weil mir alles weh tat. O Gott, dachte ich, was hast du getan? Dort gehst du nie wieder hin. Auf der anderen Seite erinnerte ich mich jedoch noch sehr gut an dieses Gefühl unbeschreiblicher Erleichterung und an die starke körperliche Reaktion. Ich fuhr also wieder zu ihr, auch um ihr das Geschehene zu erklären. Sie sagte mir, daß meine Schmerzen während der Nacht sehr positiv seien, daß der ganze Rückbildungsprozeß auch schmerzhaft werden würde und länger dauere.

Danach unterzog ich mich an diesem und dem darauffolgenden Tag jeweils einer Zellklärung. Ich setzte mich hin und sollte mich nun innerlich betrachten. Die Therapeutin sagte immer wieder zu mir, ich solle mein Unterbewußtsein fragen, ob es mit mir kommunizieren wolle. Was daraufhin dann geschah, war absolut faszinierend für mich. Mein Unterbewußtsein wollte offensichtlich mit mir kommunizieren. Es reagierte mit Bildern und auch mit ganz konkreten Aussagen, die ich in mir hörte. Meine innere Stimme, die ich so deutlich noch nie wahrgenommen hatte. Ich erlebte mich ganz neu, in einer ganz neuen Welt. Und das Erstaunlichste war, daß die Bilder nicht nur kamen und ich meine innere Stimme hörte, sondern daß sie konkret Bezug auf meine Situation nahmen. Es kamen vor allem viele dunkle, schwarze Bilder, von denen ich mich befreite, indem ich sie an einen Luftballon hing und wegfliegen ließ. Bei der zweiten Sitzung fing ich an, Zukunftsvisionen zu entwickeln und das Ganze positiv zu verarbeiten. Nach dieser zweiten Zellklärung fühlte ich mich wie neu, brauchte plötzlich keine Krücken mehr und hatte das Gefühl: Ich bin wieder da, das Leben hat mich wieder.

Ich war gesund – ob mein Körper das schon nachvollzogen hatte, war ohne Belang – er würde schon hinterherziehen. (Für diejenigen, die diese Methode interessiert, steht die Anschrift der Therapeutin im Anhang.) Ich telefonierte also herum und erzählte allen, die es wissen oder nicht wissen wollten, ich sei gesund. Kein

Mensch glaubte mir – das konnte ich spüren. Es waren ja auch keine medizinisch greifbaren Beweise vorhanden, an denen man sich orientieren, an denen man diesen meinen Glauben aufhängen konnte.

Ich setzte mich mit meinem Mann ins Auto und fuhr nach Hause.

Und da – aus heiterem Himmel und ohne Grund – und obwohl ich außer meinem Gefühl keinerlei Beweise für irgendeine Änderung der Situation hatte, war sie auf einmal:

eine strahlende, aufsteigende, überschäumende, spritzige, sprudelnde, nie gekannte, leuchtende, schwindelerregende, goldene, tiefe innere

F R E U D E.

Ich hatte das Gefühl, als wohne ich wirklich endlich in mir selbst, als sei ich endlich nach Hause gekommen. Ich hatte das Gefühl, als bestehe dieses mein Haus aus einem einzigen luftigen Raum. Ich hatte das Gefühl: »Ich *bin* im Hier und Jetzt, und ich komme mit mir und meinen Emotionen klar.«

Ich machte wieder Zukunftspläne – drei Wochen nach der Diagnose und drei Wochen vor Ablauf der mir gestellten Prognose! Die Welt stand mir wieder offen. Also beschloß ich, daß ich erst einmal in Urlaub fahren wollte. Ich hatte das Gefühl, als müsse ich auch körperlich ausdrücken, daß mir vor der Zukunft nicht bang war.

Ich hatte endlich aufgehört, gegen mich selbst zu

kämpfen, hatte gelernt, daß ich für mein Leben verantwortlich war und es selbst in die Hand nehmen mußte. Ich hatte auch gelernt, daß ich keinen Beweis und keinen wirklichen Grund benötigte, um mich wirklich freuen zu können. Ich mußte die Freude in mir gar nicht suchen, sie war ja schon da. Mit der Freude über mein Leben wurde ich mir der Schönheit und Größe des Lebens bewußt, und ich fühlte auch, daß ich dadurch immer mehr Energie bekam.

Die amerikanischen und japanischen Forschungen über Spontanheilungen bei Krebs haben ergeben, daß, kurz bevor die Heilung eintritt, fast jeder Kranke einen tiefgreifenden Bewußtseinswandel durchmacht. Er weiß, daß er geheilt wird, er spürt, daß die dafür verantwortliche Kraft in ihm selbst steckt, sich aber nicht auf ihn beschränkt, daß sie sich über seine persönlichen Grenzen hinweg über die ganze Natur erstreckt. In solch einem Moment »springen« diese Patienten auf eine neue Bewußtseinsebene, die Krebs unmöglich macht. Dann verschwinden die Krebszellen buchstäblich über Nacht, oder zumindest stabilisiert sich der Krebs, ohne dem Körper weiteren Schaden zuzufügen. Dieser Bewußtseinssprung scheint der Schlüssel zu sein, auch wenn er nicht wie ein Blitz kommen muß. Heute glaube ich, daß ich damals diesen Bewußtseinssprung getan habe, daß ich auf eine andere Ebene gekommen bin, eine Ebene der Gesundheit und Lebensfreude.

In der folgenden Zeit veranstaltete ich jedesmal ein Freudenfest, wenn ich auch medizinischerseits meine Genesung bestätigt bekam. Die Ärzte standen verwirrt und relativ fassungslos der Tatsache gegenüber, daß ich und mein Körper nicht nur die mir gestellte Prognose ignorierten, sondern daß sich auch die Krebszellen zurückbildeten, etwas, was die Ärzte als unmöglich bezeichnet hatten. Ich hatte jedesmal das Gefühl, als werde mir mein Leben noch einmal geschenkt, als hätte ich es bis zu meiner Erkrankung nie als so kostbar betrachtet, wie es wirklich ist. Ich war so dankbar, daß ich dieses neue Leben bekommen hatte, daß ich diese Lebenslust mit der ganzen Welt teilen wollte.

Heute bin ich lebensfroh im wahrsten Sinne des Wortes: froh über mein Leben. Auch messe ich den Dingen andere Wertigkeiten bei, die Krankheit hat meinen Blick für das Wesentliche geschärft. Heute glaube ich auch, daß die Methode an sich, mit der ich eine Bewußtseinsänderung herbeiführe, nicht von Bedeutung ist. Wichtig ist der Impuls, den ich bekomme. Ich allein muß und kann dann diesen Sprung vollziehen.

Durch meine Krankheit hat sich sehr viel in meinem Leben geändert. Ich orientiere mich viel weniger an Äußerlichkeiten, ich habe nicht nur ein größeres Bedürfnis nach Freiheit, ich lebe auch freier und unbelasteter von der Meinung anderer. Ich bin heute nicht nur offener anderen Menschen gegenüber, ich möchte auch etwas geben, ein Wunsch, der mir früher nie in den Sinn gekommen wäre, da ich viel zu sehr mit der Befriedigung meiner eigenen Bedürfnisse beschäftigt war, um an die anderer zu denken. Was ich dabei ignoriert hatte, war, daß ich meinen fairen Anteil sowieso bekomme, wenn ich etwas zu geben habe.

Heute ist mir auch klar, daß der Antrieb für mein erstes Buch war, Menschen in einer ähnlichen Situation Mut zu machen, zu zeigen, welche große Chance jeder Krise im Leben innewohnt, daß es immer einen Ausweg aus einer scheinbar ausweglosen Lage geben kann. An den überwältigenden Reaktionen habe ich gemerkt, daß ich helfen kann.

Wie diese Hilfe konkret im Alltag umgesetzt werden kann, möchte ich nun mit diesem Buch zeigen: Woher ich Freude beziehe und wie ich die Freude in mein tägliches Leben bringe, auch ohne daß ich mich über etwas so Weltbewegendes freuen kann wie über ein wieder geschenktes Leben, wie ich den Sorgen, den Freudenkillern in meinem Leben, begegne und mich davor schütze, mich in ausweglose Situationen hineinzumanövrieren, wie ich »bei mir bleibe« und mit meinen Emotionen klarkomme, wie ich die Freude in jeden Lebensbereich tragen kann. Und vor allen Dingen was ich selbst jeden Tag dafür tun kann, daß die Freude in mein Leben kommt, wie ich mit täglichen kleinen Übungen erste Schritte in Richtung mehr Freude gehen kann, so daß ich irgendwann aus vollem Herzen sagen kann: So schön ist das Leben!

Woher kommt Freude?

Die Freude in uns

Ein angenehmes und heiteres Leben
kommt nicht von äußeren Dingen.
Nur aus seinem Inneren bringt der Mensch
Lust und Freude in sein Leben.

Plutarch

Wir alle suchen unser Glück und unsere Freude
meist in äußeren Reizen. Was ich auf meinem
Weg erfahren habe, ist, wieviel Freude ich empfinden
kann durch das einfache Da-sein. Durch unser tägliches Jagen nach Dingen, die im Grunde bedeutungslos
sind, entfernen wir uns immer weiter von dem Bewußtsein, zu leben und da zu sein.
Sicher haben Sie schon einmal ein Baby lachen hören – ganz ohne Anlaß, ganz ohne Grund. Ein Baby
lebt mit und in seinen Grundbedürfnissen – Liebe,
Essen, Schlafen. Ein Baby interessiert es nicht, ob es
Erfolg hat, Geld verdient oder ob andere Menschen
meinen, es sei ein besonders hübsches Baby. Es freut
sich an sich selbst aus sich selbst, weil es da ist, auf
der Ebene des puren Seins. Wir Älteren haben diese
Ebene, da zu sein und uns am puren Sein zu freuen,
verlassen, weil wir uns unserer selbst, unserer eigenen Präsenz nicht mehr bewußt sind, wir haben verlernt, uns unseren eigenen Körper bewußt zu machen.
Dieses Bewußtsein beginnt mit jedem Atemzug, den

ich mache. Ich setze mich deshalb jeden Morgen nach dem Frühstück hin und beobachte mit geschlossenen Augen für eine Viertelstunde mein Atmen. Ich konzentriere mich auf das reine Atmen. Das hat auch etwas Meditatives und macht mir mein eigenes Sein bewußt. Genau das gleiche könnte ich mit meinem Herzschlag tun, in mich hineinhören oder die Hand auf eine Stelle legen, an der ich den Herzschlag spüren kann, und ihn fühlen; auch das macht mir das wundervolle Funktionieren meines Körpers bewußt. Oder ich beobachte meine Hände, wie sie einfach nur ruhig im Schoß liegen, und erfreue mich an ihrer Form. Ich fühle, daß ich bin, lenke meine Aufmerksamkeit auf meine eigene Präsenz, auf das, was in jedem Moment *ist*.

Unsere Augen beispielsweise erfreuen sich auch überwiegend an äußeren Reizen. Wenn wir nun unsere Aufmerksamkeit verschieben von dem, was wir sehen, auf *den*, der sieht, werden wir uns unseres Selbst bewußt. Wenn ich eine solche Übung täglich zweimal eine Viertelstunde mache, lerne ich mich und meinen Körper nicht nur besser kennen, in der ganzen täglichen Hektik mache ich mir auch wenigstens für eine kurze Zeit klar, daß ich da bin. Dadurch werde ich ruhiger, ausgeglichener und gelassener.

Sie werden sehen, wieviel Freude Sie täglich allein dadurch in sich finden können.

Denn das ist auch so ein Trugschluß, dem wir alle erliegen: Daß wir Freude erzeugen müssen. Die Freude ist schon in uns, wir haben sie alle tief drinnen sitzen, hoffnungsvoll darauf wartend, daß sie uns zufliegen darf und daß »wir sie küssen«.

Je mehr ich mir bewußt mache, wer ich bin und daß ich bin, je mehr ich mir bewußt mache, wie ich sehe, atme, rieche, taste, schmecke, gehe, desto mehr befreie ich mein Selbst von allem, was die Freude einsperrt, desto mehr bringe ich die Freude wieder in mein Leben.

Ein Freund sagte mir einmal, daß er eine Sache überhaupt nicht ertragen könne, und das sei, allein zu sein. Sei er in einem Raum allein, tue er alles, was er könne, um diesen Zustand des Alleinseins so schnell wie möglich zu beenden, selbst wenn ihm dies – zum Beispiel beruflich – schaden sollte. Wie soll ich mich selbst und meine innere Freude jedoch finden, wenn ich nicht einmal kurz mit mir allein sein kann? Was oder wen lerne ich kennen, wenn ich mit mir allein bin? *Mich.* Wenn ich also mit mir nicht allein sein kann, heißt dies, daß ich mich selbst nicht ertragen kann, daß ich mein eigenes Ich nicht mag, daß ich mit mir selbst nicht kommuniziere, daß ich mich an mir selbst nicht zu erfreuen vermag, weil es in meinen Augen nichts Erfreuliches gibt. Wenn es Ihnen also so geht, daß Sie nicht gern allein sind, heißt dies eigentlich, daß Sie sich selbst nicht kennen und auch nicht kennenlernen möchten. Gerade dann ist es um so wichtiger, daß Sie sich mit sich selbst beschäftigen, und vor allen Dingen, mit sich selbst zu kommunizieren.

Bevor ich krank wurde, habe ich fast nie mit mir selbst kommuniziert, ich kannte mich so gut wie gar nicht. Erst durch die Krankheit und die mit der Heilung verbundenen kontinuierlichen spirituellen Arbeit baute ich eine innerliche Kommunikation mit mir selbst auf, lernte ich mich in einer Weise kennen, wie ich es in den sechsunddreißig Jahren vor meiner Erkrankung nicht erlebt hatte. Und je mehr ich mich kennenlernte, desto mehr Erfreuliches entdeckte ich in mir: Ich fand meine eigene Sanftheit, meine eigene innere Schönheit.

Wie baue ich nun Kommunikation in und mit mir selbst auf? Wie stelle ich den unterbrochenen Kontakt mit mir selbst wieder her, der mich mit meiner inneren Freude verbindet?

Ich nehme mich selbst wichtig. Ich rede mit mir selbst wie mit einem Freund. Ich höre auf meine Intuition, achte auf Kleinigkeiten, die passieren, und ich befrage mich selbst bei allen Entscheidungen, die anstehen. Wenn ich mit mir selbst im inneren Dialog bin, brauche ich keine Bestätigung von anderen für meine Entscheidungen und keinen Applaus.

Vielmehr nutze ich meine eigene Energie, von der ich unbeschränkt zehren kann. Wir alle sind Energiefelder, unsere Energie ist ewig, sie war schon da, bevor wir geboren wurden, und sie wird immer noch dasein, wenn unser Körper die Erde verläßt.

Das indische Hymnenbuch Rigveda sagt in seiner Schöpfungshymne: »Im Anfang gab es weder Dasein noch Nicht-Dasein. Die ganze Welt war unsichtbare Energie.«

Die theoretische Physik bestätigt, daß die verlorengegangenen Dimensionen und unsichtbaren Energiefelder im Grunde nicht irgendwohin verschwunden sind. Sie sind lediglich wieder in das »Urfeld« entschlafen. Dabei ist, so sagt es auch Stephen Hawking in seiner »Kurzen Geschichte der Zeit«, weder die Zeit ein fester Bezugspunkt in meinem Leben noch der mich umgebende Raum, all dies verändert sich ständig (und wird auch ständig neu interpretiert). Nur der Augenblick, in dem ich bin, in dem mir mein Geist, mein Energiefeld bewußt ist, kann ein fester Bezugspunkt sein.

Als Kinder Gottes tragen wir auch alle etwas von seiner Schöpferenergie in uns, wir sind Schöpfer unseres Lebens, an uns liegt es, wie wir unsere Energie einsetzen und wofür. Einer der Gründe, warum ich den festen Glauben entwickeln konnte, daß ich mich aus dieser scheinbar ausweglosen Lage wieder werde befreien können, war, daß ich mir eingestand, daß ich der Schöpfer meiner Krankheit gewesen war, daß ich dann also auch der Schöpfer meiner Gesundung sein konnte.

Für mich ging es damals darum, jeder einzelnen Körperzelle die Botschaft zu übermitteln, daß ich leben wollte. Ich mußte meine Lebensenergie in jeder einzelnen Zelle erhöhen, mir jede einzelne Zelle bewußt machen. Nur dadurch bringe ich Ausgeglichenheit, Ordnung und Harmonie in jede Zelle, und nur dann empfinde ich Freude und Glück – ausgehend von jeder einzelnen Zelle.

Die Technik, den Energielevel in jeder einzelnen Zelle zu erhöhen, ist denkbar einfach. Ich atme Farbe in meinen Körper. Mit dieser Atmung kläre ich Programme, die in jeder Zelle gespeichert sind.

Ich gebe Ihnen ein Beispiel dafür: Stellen Sie sich vor,

Sie werden verbal angegriffen, und Sie regen sich sehr darüber auf, Sie reagieren emotional. Dadurch geben Sie an denjenigen, auf den Sie reagieren, Energie ab. Wenn Sie nun sofort, wenn Sie bemerken, daß Sie emotional reagieren, diese Stelle im Körper lokalisieren und an diese Stelle atmen, werden Sie sehen, daß Ihr Bedürfnis, mit einem Gegenangriff zu reagieren, schlagartig schwindet, daß Sie keine Energie abgeben, ja, daß Sie sich nicht einmal mehr aufregen.

Ein verbaler Angriff kann mich ja überhaupt nur dann treffen, wenn ich in meinem Ego, meinem Selbstbild, getroffen bin. In dem Bild, das ich selbst von mir habe. Dieses ist nicht identisch mit meinem wahren Selbst. Indem ich die Emotion durch die Atmung kläre, ändere ich auch meinen Standpunkt. Man kann mich gar nicht mehr verletzen, weil ich nicht mehr in meinem Ego getroffen bin, weil mein Ego nicht mehr mein innerlicher Bezugspunkt ist, sondern mein wahres Selbst. Erst wenn ich mir statt meines Ego meiner eigenen innerlichen Präsenz bewußt werde, die mit meinem Ego nichts zu tun hat, bin ich emotional nicht mehr angreifbar. Ich spüre, wer ich bin. Ich realisiere, daß nur mein Ego reagiert. Ich atme an die Stelle, an der ich die Emotion spüre. Ich nehme der Emotion die Macht über mich und mache mich selbst zum Handelnden.

Und erst dann habe ich die Chance, meine Seele, meine Energie zu berühren und in jeder Zelle Lebensenergie und Freude zu finden, Freude ohne Grund und Anlaß, Freude aus dem Inneren, Freude an und aus mir selbst.

Nur diese Freude aus dem Inneren führt zum Erwachen und Reifen unserer sonnenhaften Natur, unseres wahren Selbst. Dazu gehören alle Eigenschaften, die mit diesem Begriff in Verbindung stehen: Selbstvertrauen, Selbstsicherheit, Selbsterkenntnis, Selbstbewußtsein, Selbständigkeit und letztlich auch deren reife Überwindung in Form weiser Selbstlosigkeit.

Wichtig für diesen Durchbruch zum Selbst ist es, daß ich aufhöre, mir selbst ständig den erhobenen Zeigefinger zu zeigen. Vielmehr muß ich gütig mit mir selbst umgehen und liebevoll. Manchmal habe ich das Gefühl, daß manche Menschen andere scheinbar besser behandeln als sich selbst. Nur wenn ich mich selbst annehme, wie ich bin, mit all meinen Fehlern und Verdrehtheiten, finde ich zu meinem wahren Selbst und zu wahrer innerer Freude.

In den Lesungen und Vorträgen, die ich anläßlich des Erscheinens meines Buches »Leben!« teilweise vor einer großen Anzahl Menschen hielt, wurde ich immer gefragt, was jeder selbst tun könne, wie ich mich täglich selbst auf mein Ziel konzentriere. Mir wurde dadurch bewußt, daß es wichtig ist, konkrete Wege aufzuzeigen, Rat zu geben und Möglichkeiten zur Selbsthilfe konkret auszusprechen. Aus diesem Grund möchte ich Ihnen am Ende eines jeden Kapitels zusammenfassend auflisten, was Sie meines Erachtens konkret jeden Tag tun können, wenn Sie mehr Freude in Ihr Leben bringen wollen. Wohlgemerkt - es handelt sich hier nicht um Rezepte oder Anweisungen, sondern um mögliche Wege, die ich Ihnen aus meinem Erleben weitergebe.

DAS KÖNNEN SIE TUN

**Ich finde Freude in mir selbst
durch mein Da-sein.**

① Nehmen Sie sich jeden Morgen nach dem Aufstehen und jeden Abend vor dem Schlafengehen eine Viertelstunde Zeit nur für sich selbst, setzen Sie sich hin, und konzentrieren Sie sich einfach auf ihre Atmung. Achten Sie auf jeden Atemzug, den sie machen. Wenn Sie merken, daß ihre Aufmerksamkeit sich anderen Dingen zuwendet, lenken Sie sie sacht wieder zurück auf Ihre Atemzüge. Ich höre schon das Argument: Ich habe keine Zeit. Sie haben Zeit – soviel Sie wollen. Sie können sich ja auch erstmal zweimal fünf statt zweimal fünfzehn Minuten nehmen.

Und außerdem: Wenn Sie sich die Zeit nehmen und dann mehr »bei sich« sind, werden Sie die Aufgaben des Tages mit mehr Freude angehen und in viel kürzerer Zeit erledigen.

② Sprechen Sie jeden Tag mindestens einmal fünf Minuten mit sich selbst, egal wo, egal, ob laut oder leise oder stumm. Sprechen Sie über ein kleines Problem des Tages oder über ein Ereignis oder über eine Freude. Führen Sie ein Gespräch wie mit einem Freund. Wenn Sie am Anfang das Gefühl haben, sie bekämen keine Antwort oder nicht einmal eine Resonanz – ärgern Sie sich nicht, machen Sie einfach weiter. Die Antwort wird irgendwann kommen. Und die Freude darüber auch.

Die Freude von außen

Ein Blatt, das diesen Morgen durchs Fenster
hereingetragen wurde, als brächten es
die Strahlen der Sonne, ein Vogel auf der Feuer-
leiter Genuß am Geschmack des Kaffees,
Freude begleitete mich, als ich herumging ...

Anaïs Nin

Wir haben im vorangegangenen Kapitel gesehen, daß ich nur aus meinem Inneren Lust
und Freude in mein Leben bringe. Wenn wir diese
Freude gewinnen können, besteht jedoch kein
Grund, warum wir uns nicht auch an äußeren Dingen
erfreuen sollten, an den alltäglichen kleinen Dingen
des Lebens, die uns darüber hinaus Freude schenken
können.

Warum sollte ich mich nicht freuen an Dingen außer-
halb meiner selbst, die ich wahrnehme, die immer da
sind, wie die Sonne und ihre wunderbar wärmenden
Strahlen, der Himmel, der Mond und die Sterne, die
Luft, wenn sie samtig und duftend im Frühling ist, die
Schönheit der Natur. Das Leben ist wunderschön,
wenn ich in der Lage bin, mich auch an ganz kleinen
und banalen Anlässen zu freuen. Sicher kennen Sie
wie ich auch einige ganz unwichtige Dinge, die Ihnen
trotzdem eine große Freude, einen großen Genuß
bereiten.

Für mich ist dies etwa das Gefühl der Sonnenstrahlen

auf meinem Körper und ganz besonders auch das Gefühl, wenn mein Körper ganz von Wasser umgeben ist. Ich habe das Wasser schon immer geliebt, in jeder denkbaren Form, es ist mein Element, obwohl ich als Zwilling einem Sternzeichen der Lüfte angehöre.

Wenn ich die Freude im Inneren habe, kann ich mich über alles freuen, was ich mit meinen Sinnen wahrnehmen kann, an anderen Menschen, an meiner Umwelt, an schönen Dingen. Diese Freude an schönen Dingen hat dabei nichts mit Geld zu tun.

Als ich mit meinem Mann nach dem Abitur zum Studium nach München zog, hatten wir beide nur sehr wenig Geld und waren froh, daß wir uns damit eine winzige Drei-Zimmer-Dachwohnung in der Nähe der Frauenklinik leisten konnten. Obwohl wir damals wirklich jeden Pfennig umdrehen mußten, hatten wir doch ein sehr schönes Zuhause – weil es uns wichtig war, weil wir es uns wert waren und Freude daran hatten. Den Mangel an Geld machten wir durch mehr persönlichen Einsatz wett, wir bauten eigene Möbel, nähten die Gardinen selbst, suchten uns von Verwandten auf dem Dachboden Möbel zusammen. Wir hatten damals nicht weniger Freude an unserer Wohnung als heute.

Wichtig bei der Freude, die ich aus äußeren Dingen beziehe, ist für mich allerdings, daß ich mich einfach so an ihnen freue, nicht aus Gründen, die mit meinem Ego zusammenhängen, mit dem Bild, das ich für andere sein will oder mit meiner Rolle. Wenn ich mich etwa an einem schnellen Auto deshalb erfreue, weil ich das Gefühl der Geschwindigkeit genieße – in

Ordnung. Freut es mich aber, weil ich anderen mit diesem Statussymbol imponieren will, so füttere ich damit mein Ego und stehle damit gleichzeitig anderen Energie.

Ich gehe für mich von der Annahme aus, daß ich als Schöpfer meines Lebensweges nicht nur die großen Freuden und auch Leiden selbst herbeiführe, sondern daß dies für alles gilt, was mir in meinem Leben begegnet. Die Welt außen zeigt mir mein Inneres. Deshalb muß ich Wünsche und Ziele formulieren, damit ich mich nicht wie ein Spielball meiner selbst fühle.

Als ich erkrankte, und auch schon vorher, hatte ich ständig das Gefühl, mein Unterbewußtsein mache mit mir, was es wolle, sei mein »Feind da drin« und daß es sich jeglicher Kontrolle meinerseits entziehe. Ich fühlte mich als Spielball meines Unterbewußtseins, und ich fühlte mich unfähig, meine Wünsche und Ziele für mich zu formulieren, geschweige denn, sie zu verwirklichen.

Was ich dabei vollkommen übersah, war, daß Bewußtsein und Unterbewußtsein eins sind und daß mein Unterbewußtsein immer wohlmeinend ist und die Dinge ausführt, die ich mir bestelle, die ich als Schöpfer meines Lebensweges kreieren will. Betrachte ich nun mein Unterbewußtsein als Feind, so bin ich so weit von mir selbst entfernt, daß ich nicht einmal erkennen kann, daß ich eine Einheit bin und daß die Annahme einer Trennung von Bewußtsein und Unterbewußtsein unsinnig ist.

Erst als ich mir dieser Einheit bewußt wurde, konnte ich mein damaliges vitales Ziel »Leben« als konkretes –

wenn auch in den Augen meiner gesamten Umwelt unerreichbares – Ziel formulieren und mich an dessen Verwirklichung machen.

Unser Energiefeld wird beeinflußt von unseren Wünschen und Zielen. Wohin auch immer ich meine Aufmerksamkeit und meine Wünsche richte, das wird in meinem Leben stärker werden. Wo auch immer ich meine Aufmerksamkeit und meine Wünsche reduziere, wird dies in meinem Leben schwächer werden.

Erst meine Wünsche legen die Basis dafür, daß ich alle meine Fähigkeiten und Ressourcen nutze, sie zielgerichtet einsetze. Deshalb ist es wichtig, daß ich meine Wünsche und Ziele vor mir formuliere und sie damit in mein Bewußtsein einführe.

Ich habe während meiner Erkrankung, als ich extrem auf der Suche danach war, einige Methoden kennengelernt, mit Hilfe derer ich meine Wünsche in die Tat umsetzen kann.

Bei jeder dieser Methoden spielt es eine zentrale Rolle, daß ich mich auf mich selbst besinne, daß ich in die Stille gehe, in den Bereich meines Seins, in dem ich mich finden kann. Erst wenn ich ganz bei mir bin, kann ich meine Wünsche und Ziele in Aktionen umsetzen.

Wie ich dabei dieses »Mein-Innerstes-Finden« bezeichne, ist bedeutungslos. José Silva, der Begründer der Silva-Mind-Methode, nennt es das Herunterzählen in den Alpha-Zustand, der einer reduzierten Hirnwellenfrequenz gleichkommt; das NLP = Neuro-linguistisches Programmieren, eine in den USA entwickelte neue Psychotechnik, nennt es mit seinem Hauptver-

36

fechter Anthony Robbins das sich »Konzentrieren auf die eigene Kraft«; Deepak Chopra nennt es »Slipping into the gap« (In den Spalt schlüpfen); meine Therapeutin nennt es »Bei-mir-Bleiben«. Dieses »In-die-Stille-Gehen« heißt auch, daß ich dabei mein Ego außer acht lassen muß, und heißt auch, daß ich mich lösen muß von dem Zwang, daß etwas Bestimmtes geschehen *muß*. Es gibt ein Gesetz auf dieser Welt, das vielleicht grausam, vielleicht aber auch sehr weise ist, und zwar, daß etwas dann geschieht, wenn man sich nicht mehr zwanghaft wünscht, daß es geschehen solle. Ich habe eine Freundin, die jahrelang vergeblich versuchte, schwanger zu werden. Nach langer Zeit gab sie auf und adoptierte ein Kind. Drei Monate später war sie schwanger ...

Ich muß mich einfach davon lösen, daß ein Ereignis eintreten muß, ich muß mich statt dessen nur auf den Weg dorthin konzentrieren, nicht auf das Ergebnis. So war es auch bei mir: Ich habe während meiner Genesung nie gedacht: »Ich muß gesund werden«, im Sinne eines Kampfes oder Krampfes, sondern immer nur: »Ich bin gesund, ich will leben.«

Das heißt, ich habe meinen Wunsch und mein Ziel formuliert, ohne daß ich einen »Erfolg« erzwingen wollte, indem ich lernte, den Augenblick so zu leben, wie er ist. In dem bestimmten Augenblick lebte ich – und gut.

Das Erreichen meiner Wünsche und Ziele, auch wenn es sich auf scheinbar profane äußere Dinge bezieht, bringt mir Freude im Bewußtsein meiner eigenen Fähigkeiten, es macht mir Freude, wenn ich sehe, was ich alles kann, wer ich sein kann, und wie ich meine Ressourcen für mich und auch für andere einsetzen kann.

Freude an den äußeren Dingen – das heißt jedoch auch, daß ich diesen Dingen nicht eine zentrale Bedeutung geben darf. Sobald ich das tue, sobald ich an einer Sache so hänge, daß ich denke, ich könne auf sie nicht mehr verzichten, habe ich sie praktisch schon verloren, weil ich mich ständig mit der Verlustangst auseinandersetze und den Verlust damit bestelle.

In einem der Seminare, die ich bei meiner Therapeutin mitmachte, kam beispielsweise die Rede auf mein Haus, an dem ich damals so sehr hing, daß ich dachte, ich könne darauf nicht verzichten. Dieses Haus hatte eine viel zu große Bedeutung für mich und mit der Bedeutung, die ich ihm gab, machte ich mich zu seinem Sklaven, denn mein ganzes Streben ging dahin, es zu behalten. »Es ist egal«, sagte damals die Therapeutin, »ob ich in einem schönen Haus oder in einer Hundehütte wohne, beides darf nur keine Bedeutung haben.«

Also zog ich, um für mich dieses Problem zu lösen, gedanklich mit meiner Familie in unsere Hundehütte. Der Gedanke fiel mir am Anfang schwer, zu sehr war mein Ego noch mit meinem schönen Haus beschäftigt. Erst, seitdem ich auch mit dem Gedanken an die Hundehütte gut leben kann, habe ich mich aus dem innerlichen Gefängnis, das ich mir mit meinem Haus gebaut hatte, befreien können und kann mich einfach daran freuen.

DAS KÖNNEN SIE TUN

**Wenn ich in meinem Inneren Freude fühle,
strömt Freude von außen auf mich zu.**

① Machen Sie eine Liste mit Ihren Wünschen. Nehmen Sie sie überallhin mit. Sehen Sie sich diese Liste
an, bevor Sie schlafen gehen und nachdem Sie aufge-
wacht sind. Stellen Sie sich Ihre Wünsche bildhaft vor.
Immer wieder. Aus Ihren Wünschen werden Vorsätze
werden, aus Ihren Vorsätzen Absichten und aus Ihren
Absichten die Erfüllung Ihrer Wünsche.

Ich lasse mir die Freude nicht nehmen!

Angst

>»Weißt du, wie man einen Lebenden
von einem Halbtoten unterscheiden kann?«
fragte er mich. »Beide haben Angst.
Aber der Halbtote vertraut nur auf die Angst,
er glaubt mehr an sie als an das Leben.«

Dominique Sigaud, »Annahmen über die Wüste«

Freude – das ist vor allem das Fehlen jeglicher negativer Gefühle, das Gefühl, nichts könne dieses Glücksgefühl überschatten.

Ein dänisches Sprichwort sagt: »Wenn die Freude in der Stube ist, lauert die Sorge im Flur.« Sorge – das ist zum Beispiel so ein negatives Gefühl; mache ich mir im Moment der Freude über etwas Sorgen, habe ich im Moment der Freude vor etwas Angst, fühle ich mich im Moment der Freude durch eine Beurteilung oder Verurteilung verletzt, erfahre ich, daß dieses Gefühl der Freude auf anderen Erwartungen fußte. Trifft mich im Moment der Freude ein Unglück, so stürzt – ich bin sicher, Sie haben das schon einmal erlebt – die Freude wie ein von einem Jagdgewehr getroffener Adler aus luftiger Höhe ab. Da, wo eben noch ein strahlendes Glücksgefühl war, befindet sich nun – ja, was? Leere, Sehnsucht.

Unser Freudengefühl ist durch ein sogenanntes negatives Gefühl ersetzt worden, das uns in diesem Moment viel stärker erscheint als das allerstärkste Glücksgefühl.

Gegen diese Abstürze, diese Freudenkiller, kann ich etwas tun, ich kann ihnen begegnen. Nehmen wir uns als erstes (und stärkstes) Gefühl die Angst vor.

Angst ist ein zentrales, wenn nicht *das* zentrale Problem in unserem Leben. Wir alle kennen sie, und sie ist direkt verbunden mit unserem Tun. Wir alle haben dabei das große Problem, daß wir, wie Dominique Sigaud das scharfsinnig ausdrückt, mehr auf die Angst vertrauen als an das Leben glauben. Dann überschattet die Angst das Leben. Ich halte Angst für *den* Freudenkiller schlechthin, sie ist für die schwindende Lebenslust der Menschen verantwortlich, sie macht, daß wir uns klein und hilflos fühlen, sie nimmt uns unsere Lebendigkeit, unseren Glauben an das Leben. Und wo soll sich dann noch Freude entwickeln, wenn wir diesen Glauben verloren haben?

»Unsere größten Ängste sind die Drachen, die unsere tiefsten Schätze bewahren«, sagt Rilke, und dies drückt sehr gut aus, was ich meine. Angst blockiert wie ein Drache immer einen Teil von mir, den ich verdrängen möchte, den ich vergessen, ignorieren möchte, den ich nicht wahrhaben will. Gleichzeitig verhindert sie damit, daß ich mir selbst näher komme. Ich blockiere also mit meinen Ängsten unter Umständen meine größten Schätze.

Aus Angst versenke ich meine eigenen Schiffe. Aus Angst vor Veränderung bringe ich mich um das »Erleben«, aus Angst vor Vergleichen halte ich still und agiere nicht.

Angst ist ein extremes Entferntsein von mir in einem Teil meines Selbsts, in dem die Versöhnung nicht stattgefunden hat. Dabei hat der Mensch vordergründig Angst vor dem Signal, das heißt, dem Faktum einer Krankheit oder Krise an sich, und hintergründig Angst vor dem Teil seiner selbst, der nicht integriert ist.

In meinem Fall hat die Angst vor Krebs, die ich jahrelang mit mir herumtrug, nicht nur dazu geführt, daß ich die Krankheit bekam, dadurch, daß ich den Gedanken daran fast jeden Tag aktivierte, sie ist auch verantwortlich für das vollkommen irrationale Verhältnis, das ich zu der Krankheit entwickelte, weil meine Angst vor der Behandlung mich die Symptome so lange ignorieren ließ, bis es fünf nach zwölf war. Ich hatte Angst vor der Behandlung, nicht vor dem Tod, denn sonst hätte ich es nie so weit kommen lassen.

Ich habe immer gedacht, es gebe auch bei der Angst, wie überall im Leben, eine Hierarchie: Das sind große Ängste, das sind mittlere, das sind vergleichsweise kleine. Heute glaube ich, daß das nicht stimmt. Angst, sei es nun Todesangst oder die Angst vor einer kleinen grauen Maus, ist immer ein übersteigertes irrationales Gefühl, das sich im Grunde nicht erklären läßt, und was für die meisten Menschen noch schlimmer ist, das sich mit dem Intellekt nicht fassen läßt. Sie läßt sich von unserem Verstand nicht greifen und mit unserem Gefühl nicht kontrollieren – so denken wir.

Bei einem Vortrag von Deepak Chopra in Boston sagte er, seiner Ansicht nach seien *alle* Ängste, wie klein und unbedeutend sie auch erscheinen mögen, in Wahrheit nur Ausdruck einer einzigen Angst des Menschen: nämlich der Angst vor dem Tod. Dann erzählte er, daß man Studien durchgeführt habe bei

45

Menschen, die an Krebs erkrankt, praktisch aufgegeben worden und dennoch – wie durch ein Wunder – genesen seien. Während dieser Studien habe man eine Gemeinsamkeit bei diesen Menschen, bei denen eine Spontanremission aufgetreten sei, gesucht. Die einzige Gemeinsamkeit, die man gefunden habe, sei gewesen, daß all diese Menschen keine Angst vor dem Tod gehabt hätten.

Neulich las ich einen Bericht von einem Apotheker, Manfred Rothe, der neununddreißigjährig 1994 den Untergang des Fährschiffs »Estonia« überlebte, bei dem 852 Menschen ertranken.

Er erzählte, er habe, an eine Rettungsinsel geklammert, in etwa zwanzig Meter Entfernung den Bug der »Estonia« in den Wellen verschwinden sehen. Und er habe selbst in diesen einprägsamen drei Minuten keinerlei Todesangst verspürt und könne vielleicht auch deswegen heute so leicht darüber reden. Er wisse, daß Angst nur apathisch mache, und habe deshalb, statt sich von der Angst bestimmen zu lassen, hektisch und instinktiv stets versucht, sich an irgend etwas festzuhalten. Er habe aber auch Menschen beobachtet, die wie gelähmt vor Todesangst auf ihrer Rettungsinsel hockten.

Ich glaube, daß in diesem Faktum der Hauptunterschied zwischen den Menschen liegt, die sich in einer solchen Situation zu retten vermögen und jenen, denen es nicht gelingt. Nur, wenn ich selbst in einer solchen existentiellen Gefahrensituation immer noch agieren kann, habe ich eine Chance. Wenn ich dagegen wie ein Kaninchen vor der Schlange untätig und gelähmt auf der Stelle sitzen bleibe, werden mich die Ereignisse einfach überrollen. Gerade dies aber ist ein Verhalten, das wir fast alle in einer Angstsituation an den Tag legen.

»Ich lasse die Dinge einfach geschehen, anstatt sie selbst in die Hand zu nehmen. Ich möchte nicht hier sein, aber ich bin es. Ich fange gerade erst an zu erkennen, wie passiv ich bin.«

Diesen Satz las ich vor kurzem in einem Roman, und er spiegelte so sehr mein eigenes Verhalten vor der Krankheit wider, daß er mir im Gedächtnis geblieben ist. Wenn ich nicht gerade noch rechtzeitig wach geworden wäre, hätte mich das von den Ärzten prognostizierte Ereignis wohl auch erreicht. Diese Passivität bedeutet in ihrer Konsequenz ja letztlich, daß ich im Widerspruch zu meiner eigenen Schöpferenergie andere oder das Schicksal oder eine Situation über mein Leben entscheiden lasse, anstatt es selbst in die Hand zu nehmen.

Und dieses »Mein-Leben-selbst-in-die-Hand-Nehmen« ist eines der wichtigsten Dinge, die ich für mich lernen und umsetzen muß. Ich entscheide, ich handle – dies muß in jedem Moment meines Lebens gelten. Natürlich kann ich mir immer einen Experten als Ratgeber bei einer speziellen Frage holen, die Entscheidungen, die aus diesem Rat folgen, muß ich aber selbst treffen und verantworten, selbst in existentiellen Fragen.

Carl Simonton, ein berühmter amerikanischer Arzt, beobachtete seine krebskranken Patienten und fand Verblüffendes heraus: Er sagt, neunzig Prozent der Erkrankten überleben die ersten sechs Jahre nach Diagnosestellung nicht. Diese Kranken geben sich ganz in die Hände der Ärzte und somit die Verantwortung für ihr Leben an sie ab. Ihnen passiert auch genau das, was der Arzt vorhersagt. Die übrigen nennt Simonton die »außergewöhnlichen Patienten«. Sie nehmen ihr Leben selbst in die Hand, bedienen sich zwar der Medizin, wahren jedoch die größtmögliche Distanz zu ihren Ärzten und Krankenhäusern und kümmern sich selbst um sich und ihre Gesundung. Von diesen Patienten, so fand Simonton heraus, lebten nach sechs Jahren noch neunzig Prozent!

Der Tod ist ja auch etwas, so glauben viele, das sich unserer Kontrolle so vollkommen wie nichts anderes entzieht, dem wir – scheinbar – machtlos ausgeliefert sind. Dies bringt man uns schon als Kindern bei. Mein kleiner Sohn erzählte uns neulich bei Tisch, jemand habe ihm gesagt, nur eine Sache müsse man im Leben wirklich, und das sei Sterben.

Nun ruft der Tod auch deshalb solche Ängste in uns wach, weil wir nicht *wissen*, was danach kommt, und eine unbekannte Situation ist etwas, was uns Angst macht, so wie uns oft Veränderungen an sich Angst machen. Dabei beinhalten Veränderungen doch immer auch die Geburt des Neuen, wenn auch damit die Notwendigkeit einhergeht, die Schmerzen dieser Geburten zu ertragen.

Wir haben vergessen, daß Geburt und Tod zum Zyklus des Lebens gehören und daß beides große und wichtige Ereignisse sind. Dadurch, daß wir den Tod in unserer heutigen Gesellschaft in einer Weise tabuisieren wie fast nie zuvor, indem wir den Gedanken daran verdrängen und unsere alten Menschen oft ausgrenzen, erreichen wir jedoch nur, daß die Angst vor dem Tod wächst und wächst, wie alle Ängste, die ich verdränge, die ich nicht annehme.

Dabei ist der Tod keineswegs etwas, was sich gänzlich unserer Einflußmöglichkeit entzieht.

Wir müssen gar nicht altern, sagt Deepak Chopra in einem seiner Bücher, denn es seien die toxischen Emotionen, die uns altern lassen. Unser Alterungsprozeß, so sagt er, wird von unserem Bewußtsein gesteuert. Bewegt sich unser Denken nur auf der üblichen Oberfläche, so beschleunigen wir das Altern unserer Zellen. Doch bewegen wir uns auf den stillen Bereich des Transzendenten zu, so komme die gedankliche Aktivität zur Ruhe und damit offensichtlich auch die zelluläre. Dies hieße in letzter Konsequenz, daß theoretisch unser Körper ewig sein kann, daß es kein Sterbenmüssen gibt.

Was kann ich nun konkret gegen die Angst tun? Daß sie ein alles zerstörendes Gefühl ist, darin sind wir uns einig, aber wie begegne ich ihr?

Der erste Schritt weg von der Angst ist meines Erachtens, daß ich sie annehme, daß ich akzeptiere, daß sie da ist, und nicht hektisch versuche, sie zu unterdrücken. Was haben wir da bei unseren Kindern schon für unsinnige Ansätze: »Ein großer Junge hat keine Angst«, oder »Es gibt keinen Grund für deine Angst« und so weiter.

Das einzige, was bei dieser Art, die Angst zu verdrängen, herauskommt, ist, daß sie wächst und wächst und wächst. Alles, was ich zwanghaft unterdrücke, wird mich wie ein Bumerang mit doppelter Kraft einholen. Und das Wichtigste: Alles, alles, was ich mit ganzer Kraft befürchte, *ist schon eingetreten, ist da.* Tief in mir ist mir das klar, denn sonst hätte ich nicht solche Angst davor. Also warum weiter mit aller Macht gegen etwas kämpfen, das ich als gegeben annehmen sollte, weil es sich irgendwo in mir schon manifestiert hat. Angst heißt nichts anderes als sich nicht sicher zu fühlen, und zwar, weil irgendeine Erfahrung in der Vergangenheit mir diese Unsicherheit vor Augen führt. Angst ist also auch eine Projektion der Vergangenheit. Was wir dabei vergessen, ist, daß wir immer sicher *sind.* Das Leben – das muß ich mir wieder und wieder sagen – ist auf *meiner* Seite.

Als ich nach dem Besuch bei meiner Therapeutin nach Hause fuhr, las ich eine Seite in einem kleinen Büchlein, das sie mir mitgegeben hatte: »Gott ist für dich in deinem Wunsch nach Leben«, stand da. Dies nahm ich damals als Zeichen, daß ich nicht nur leben wollte, sondern auch leben sollte, daß das Leben auf meiner Seite war.

Das Wichtigste und erste, das ich deshalb tun muß, ist, die Angst einzuladen, sie zu begrüßen wie einen alten Bekannten. Ich muß voll in sie eintauchen und sie umarmen. Damit versöhne ich mich innerlich mit meinen Angstgefühlen, und ich kann sie besser ertragen. Sie stehen dann nicht mehr wie eine unüberwindbare Mauer zwischen mir und dem, was ich erreichen will, und ich habe den Kopf und die Energie frei, um weiter zu denken.

Dann überlege ich mir bei den alltäglichen »kleinen«

Ängsten, was das Schlimmste, das absolut Furchtbarste ist, was als Folge meiner Befürchtungen eintreten kann, ich stelle mir das »worst-case-Szenario« (schlimmstmögliche Szenario) vor. Das habe ich während meines Studiums schon immer vor den Examina gemacht. Wenn ich einen Panikanfall vor der bevorstehenden Prüfung nahen fühlte, sagte ich mir stets: »Was ist das Schlimmste, was dich in dieser Prüfung erwischen kann?« Und die Antwort konnte ich mir auf dem Fuße geben: »Daß du durch die Prüfung fällst.« Seltsamerweise schwand in dem Moment, in dem ich mich innerlich mit der schlimmstmöglichen Folge auseinandergesetzt hatte, sie praktisch gedanklich gelebt und mich damit abgefunden hatte, die Angst davor. Und wenn dann die Angst davor schwindet, kann ich meine ganze Energie und meine ganze Zeit darauf verwenden, daß diese Folge nicht eintritt, beziehungsweise, daß sie gegebenenfalls weniger schlimm ausfällt.

Diese Strategie funktioniert bei vielen Ängsten, aber eben auch nicht bei allen. Auch hier kann ich Ihnen ein gutes Beispiel geben.

Was man mir vor fast vier Jahren als schlimmstmögliches Ereignis prognostiziert hatte, war, daß es mich in sechs Wochen nicht mehr geben werde. Dieses angebliche Faktum konnte ich damals weder annehmen noch akzeptieren, noch auch nur glauben, obwohl alle Tatsachen dafür sprachen. Ich hatte deshalb vor dieser Prognose keine Angst. Angst hatte ich, eine übermächtige Angst, vor der mir verordneten Chemotherapie. Hier war es leicht, mir das »worst-case-Szenario« vorzustellen, mit Haarausfall und Sich-innerlich-Vergiften, die Krux war nur, daß ich mich eben nicht und überhaupt nicht damit abfinden konnte, ich konnte es nicht annehmen.

Hier versagte also mein früheres Konzept, das mir schon so oft die Angst genommen hatte, völlig. Ich mußte etwas anderes gegen die Angst finden in dieser Situation. Der NLP-Therapeut, mit dem ich damals arbeitete, sagte, er könne mir die Angst nehmen, indem er meine eigenen Ressourcen wieder aufbaue, das heißt, indem ich negative Glaubenssätze durch positive Glaubenssätze ersetze, etwa wie: »Ich bin gut«, »Ich kann alles«, und so weiter. In dem Maße, in dem durch diese positiven Glaubenssätze das innere Stärkegefühl wächst, schwindet die Angst.

Diese Methode wirkt sehr gut bei den Angstgefühlen, bei denen ich die schlimmstmögliche Folge (hier der mögliche Verlust meiner Haare oder des sich sehr Schlechtfühlens) nicht akzeptieren kann oder will.

Die für mich im Alltag wirksamste Methode, mit meiner Angst umzugehen, ist folgende: Als erstes lade ich die Angst ein und nehme sie an. Ich muß mir selbst immer wieder sagen: »Komm Angst, wo immer du auch in mir sitzt und aus welchem Grund auch immer, ich grüße dich, danke, daß du gekommen bist.«

Danach, wenn ich die Angst wie einen riesengroßen Berg vor mir stehen habe, frage ich meinen Körper, wo sie sitzt, wo sie sich im Körper lokalisieren läßt.

Habe ich für mich diese Stelle im Körper gefunden, schließe ich die Augen und frage mich, welche Farbe diese von der Emotion angstbelastete Stelle braucht, und erhalte immer eine Antwort, entweder, indem ich diese Farbe direkt vor meinem inneren Auge sehe, oder indem mir mein Gefühl sagt, welche es ist. Diese Farbe, egal welche, atme ich dann an die angstbelastete Stelle, so lange, bis ich fühle, daß es genug ist. So kläre ich für mich nicht nur Angst-Emotionen, sondern alle Emotionen, die mich belasten.

Natürlich dürfen wir auch nicht vergessen, daß es Ängste gibt, die uns nützlich sein können, Ängste, die uns vor möglichen Gefahren warnen. In solchen Fällen kann ich die Angst als schützenden Mechanismus akzeptieren. Nur dann, wenn sie dazu führt, daß wir eine gefährliche Abwehrhaltung gegenüber neuen, uns möglicherweise verändernden Erfahrungen einnehmen, indem wir versuchen, durch immer perfektere und damit starrere Systeme alle Fehler- und Gefahrenquellen zu beseitigen, um nur ja nie wieder Schiffbruch zu erleiden, schadet sie mehr, als daß sie nützt. Das Sprichwort: »Wer einen Fehler begeht und daraus nicht lernt, begeht einen zweiten«, ist zwar richtig, aber dort, wo es zum ängstlichen Lebensgesetz wird, führt es zu Erstarrung und übervorsichtiger Lebensscheu.

Es gibt auch Situationen, in denen manche Menschen nur durch ein Überlagern und Verschieben der Angst mit ihr fertig wurden. Mitten im Zweiten Weltkrieg, als er soviel arbeiten mußte, daß er sich nur noch sechs Stunden Schlaf täglich gönnte, fragte jemand Winston Churchill, ob er nicht wahnsinnige Angst vor dieser riesengroßen Verantwortung habe. Er sagte: »Ich bin zu beschäftigt. Ich habe keine Zeit, mir Sorgen zu machen.«

Genau dieselbe Entdeckung machte Carl Simonton, als er mit Krebspatienten sprach, die die ihnen gestellte Prognose sehr lange überlebt hatten.

»Ich habe keine Zeit zu sterben«, sagten die meisten, »meine Tochter braucht mich noch.« Oder: »Ich will noch erleben, daß mein Enkel in die Schule geht.« Oder: »Ich bin so mit der Arbeit auf unserem Hof beschäftigt, ich kann mich um die Krankheit gar nicht kümmern.« Keine Zeit zum Sterben – das war das erste Mal, daß ich die Worte »keine Zeit« positiv fand, weil diese Menschen augenscheinlich auf ihre Weise eine Möglichkeit gefunden hatten, wie sie mit ihrer Angst umgehen konnten.

Dale Carnegie sagt in seinem Buch »Sorge dich nicht, lebe!«, daß ich Angst und Sorgenprobleme schon halb gelöst hätte, wenn ich alle Fakten zu dem jeweiligen Thema sammle und sie klar und sachlich darstelle. Das glaube ich nicht – ich glaube, daß mir bei den meisten Ängsten und Sorgen analysieren gar nichts bringt, ja, daß es mich in den meisten Fällen von einer Lösung entfernt, weil ich mit dem Kopf an meine Ängste herankommen und sie auflösen will und nicht mit meinem Selbst oder mit dem Gefühl. Mit dem Kopf werde ich meine Ängste jedoch nie beseitigen können, weil die Angst etwas ist, was sich mit dem Intellekt und dem Verstand weder fassen noch eliminieren läßt. Sonst müßten ja alle hochintellektuellen Menschen weitgehend angstfrei sein. Das Gegenteil ist jedoch meist der Fall. Je genialer ein Mensch, desto stärker seine Phantasie und desto stärker seine Ängste. Wahrscheinlich haben Sie auch schon einmal die Erfahrung

gemacht, das oft die in unseren Augen »einfachsten«
Menschen die wenigsten Ängste haben. Die halten sich
weniger damit auf, ihre Angst zu analysieren, weil sie
nämlich mehr mit dem Leben beschäftigt sind.

Dies zeigt, daß wir allein mit unserem Gefühl, unserer
Intuition an unseren Ängsten arbeiten können. Nur
mein Gefühl sagt mir auch, an welcher Stelle im Körper ich die Angst beatmen kann und muß, nur wenn
ich mich ganz diesem Gefühl hingebe, werde ich an
meine Angst herankommen und sie auflösen können.
Dies erfordert Übung und Arbeit jeden Tag, jedesmal,
wenn ich mich ängstige oder sorge, jedesmal wenn
mich der Zweifel, der kleine Bruder der Angst, überfällt. Aber es lohnt sich! Nur dann nämlich, wenn ich
ein Mittel gegen diesen größten potentiellen Freudenkiller in meinem Leben habe, und diesem lähmenden
Gefühl in fast jeder Situation begegnen beziehungsweise es mindestens abmildern kann, schaffe ich der
Freude und dem Leben den größtmöglichen Raum.

Das können SIE tun

**Keine Angst kann mir die Freude
an meinem Leben nehmen.**

① Haben Sie Angst vor irgend etwas, versuchen Sie
nicht, diese Angst zu unterdrücken. Nehmen Sie sie
an. Sagen Sie sich: »Komm zu mir Angst, ich grüße
dich, danke, daß du gekommen bist.« Wehren Sie sich
nicht, kämpfen Sie nicht gegen die Angst.

② Lokalisieren Sie die Angst in Ihrem Körper (wo ist sie?), und atmen Sie an diese Stelle die Farbe, die Ihnen Ihr Körper eingibt. Sehen Sie keine Farbe, atmen sie Grün ein.

③ Machen Sie sich bei täglichen Angstgefühlen ein sogenanntes »*worst-case*-Szenario«, fragen Sie sich, was das Schlimmste ist, was Ihnen als Folge der befürchteten Situation geschehen kann. (»Ich falle durch die Prüfung«; »Ich verliere meinen Job«; »Ich verliere mein Geld« usw.)

Spielen Sie diesen Gedanken solange durch, bis Sie sich innerlich soweit mit der Folge auseinandergesetzt haben, daß Sie sie als reale Möglichkeit akzeptieren. (Wenn's schiefgeht, kann ich auch damit leben.) Sie werden sehen, die Angst wird schwinden, und Sie können sich dann ganz darauf konzentrieren, das, was Sie vorhaben, so gut wie möglich zu machen, statt, wie paralysiert, vor der möglichen befürchteten Folge zu verharren.

④ Nehmen Sie jeden Abend Block und Stift zur Hand, und schreiben Sie auf, was Sie den Tag über beschäftigt hat, Ihre Gedanken, Ihre Probleme. Schreiben Sie sie einfach nieder. Legen Sie dann den Block weg, und sprechen Sie nach neun Uhr abends nicht mehr über irgendwelche Probleme, nicht mit Ihrem Partner, nicht mit Freunden, überhaupt nicht. Sie nehmen sonst die Probleme und die Angst davor mit in den Schlaf.

Beurteilungen, Verurteilungen

Ich fürchte mich so vor der Menschen Wort.
Sie sprechen alles so deutlich aus:
Und dieses heißt Hund, und jenes heißt Haus,
und hier ist Beginn und das Ende dort.

Rainer Maria Rilke, »Mir zur Feier«

Wir leben in einer Welt der Beurteilungen. Schon in frühester Kindheit fängt dies an. Ein schönes Baby – ein weniger schönes; ein Frühentwickler – ein Spätentwickler; ein Prachtkerl oder, wie bei einem italienischen Freund von mir, der sich einen Buben gewünscht hatte, »O Gott, ein Mädchen«. Schon ein Baby bekommt in seinen ersten Tagen und Monaten mit, daß und wie es gefallen kann, wie es eine sogenannte »positive« Beurteilung bekommen kann. Dies setzt sich im Laufe der Jugend und des Erwachsenwerdens nicht nur fort, es verstärkt sich. In der Schule bewerten uns unsere Lehrer, alle Eltern sind glücklich, wenn ihre Sprößlinge mit guten Noten nach Hause kommen, und dahinter bleibt die Freude an der Schule und deren eigentlicher Zweck weit zurück.

Weiter geht es in Studium und Ausbildung. Danach werden wir nach unserem Erfolg im Beruf beurteilt, der sich meist daran mißt, wieviel Geld wir verdienen, und welche Position wir bekleiden. Täglich leiden viele an dem Hierarchiesystem, das sie vor den Beurteilungen der »Vorgesetzten« zittern läßt. Natürlich schwingt auch hier Angst mit, Angst um die Position, Angst gar um den Job. Deshalb nimmt uns das ständige Gefühl, beurteilt zu werden, meßbare Erfolge liefern zu müssen, oft die Freude an unserer Arbeit.

Außerdem sehen wir Frauen uns – obwohl auch die Männer davon nicht unberührt bleiben – ständig dem Erfordernis gegenüber, schön zu sein, in den Augen der Männer als schön zu gelten.

Ein französischer Freund erzählte mir einmal, daß während seiner Schulzeit in der Nähe von Paris die Mädchen seiner Klasse ausschließlich nach ihrem Aussehen beurteilt worden seien. »Zwei oder drei«, sagte er, »die besonders hübsch waren, wurden von allen Jungs in der Klasse begehrt. Mit denen, die noch einigermaßen gutaussahen, wurde wenigstens noch gesprochen, aber die armen, die als häßlich galten, wurden von allen Jungs links liegengelassen. So ist das an französischen Schulen.« So ist das nicht nur an französischen Schulen, sondern überall.

Unzählige Studien haben ergeben, daß gutaussehende und attraktive Menschen bessere Chancen im Leben haben als weniger gutaussehende. Sokrates galt den Griechen, schönheitsbesessen wie sie waren, als häßlich. »Verleihe meiner inneren Seele Schönheit«, sagte er einmal, »mögen mein Äußeres und mein Inneres eins sein.« Es ist überliefert, daß selbst er manchmal mit seinem Aussehen haderte, auch wenn er sich dabei über sich selbst lustig machte.

Wir alle versuchen doch Zeit unseres Lebens in den Augen anderer als gut, als schön, als erfolgreich, als intelligent und so weiter (die Liste ließe sich endlos fortsetzen) zu gelten. Fehlen uns diese Eigenschaften, fühlen wir uns wertlos.

Wir hängen unser Selbstwertgefühl an den Beurteilungen anderer auf.

Das liegt einmal daran, daß wir uns ein – scheinbar – feststehendes Wertesystem geschaffen haben, in das wir die einzelnen Menschen und ihre Verhaltensweisen einordnen, nach dem wir sie bewerten.

Außerdem betrachten wir uns immer, wenn wir etwas oder jemanden beurteilen, schlimmer noch verurteilen, als über ihm stehend, wir erheben uns über ihn. Praktisch pfropfen wir ihm unsere Wertmaßstäbe auf. Dadurch fühlen wir uns selbst wertvoll. Das hat meiner Ansicht nach aber auch etwas mit Macht und dem Streben danach zu tun.

Und es gibt noch einen weiteren Aspekt: Wir beurteilen, um uns sicherer zu fühlen. Aus Furcht, selbst beurteilt zu werden, suchen wir lieber zuerst Fehler bei anderen. Was wir dabei vergessen, ist, daß wir uns niemals besser fühlen werden, indem wir vor uns oder vor anderen andere Menschen schlechter aussehen lassen. Das macht den anderen Menschen objektiv nicht schlechter und uns im Vergleich objektiv nicht besser, es ist nur ein riesiges Versteckspiel. Wir sitzen dabei dem Trugschluß auf, daß wir auf diese Weise etwas verhindern können (daß herauskommt, daß der andere »besser« ist), was nicht verhinderbar ist, jedenfalls nicht ohne Versteckspiel. Und wenn wir es dadurch verhindern, was ist das für ein trauriges Verhindern? Wie sehr zeigt sich hierin unser mangelndes Selbstwertgefühl?

Was uns bei all diesen Urteilen entgeht, die wir täglich aussprechen oder auch nur denken, ist, daß wir alle mit anderen Menschen in Resonanz stehen. In jeder Kommunikation, die ein Mensch sendet, bekommt er das, was er gesendet hat, von seinem Gegenüber komplementär übermittelt zurück. Das, was ich sende, bekomme ich als eigene Reflektierung von meinem Gesprächspartner zurück. Beurteile ich also jemand anderen, so beurteile ich mich in Wahrheit selbst und zeige mir dabei meist den erhobenen Zeigefinger. Ich verletze damit nicht nur den anderen und raube ihm Energie und Freude, sondern dasselbe tue ich gleichzeitig auch bei mir. Ich verliere also nicht nur Freude, wenn ich selbst von einem anderen beurteilt werde, sondern auch dann, wenn ich jemanden beurteile.

James Redfield sagt in seinem Buch »Die Prophezeiungen von Celestine«: »Der Vernehmungsbeamte zieht dich von deinem eigenen Pfad und betrügt dich um Energie, nur weil du dich danach beurteilst, was er denken könnte.« Als Vernehmungsbeamten bezeichnet Redfield dabei einen Menschen, der andere ins Verhör nimmt (»Was soll das?«, »Was hast du getan?«, usw.), indem er spezifische Fragen stellt und so in die Welt des anderen eindringt, um dort Fehler zu finden, die er kritisieren kann. Damit raubt er anderen Energie, dies ist sein »Kontrolldrama«.

Anscheinend sind diese ganzen Beurteilungen und Verurteilungen ein Energiespiel, dem wir uns nicht nur täglich unterwerfen, sondern das wir auch aktiv mitspielen.

Diese Spiele aber lassen uns das, was in unserem Leben wirklich wichtig ist, was uns wirklich Freude macht, vergessen. Doch auch wenn viele Menschen vom Gegenteil überzeugt sind: Es macht keine Freude, wenn ich andere Menschen beurteile und mich damit über sie stelle. Vielleicht fühle ich mich eine kleine Weile ein winziges bißchen besser, weil ich einem anderen Menschen damit Energie geraubt habe, aber Freude, pure Lebensfreude, bekomme ich damit nie. Und außerdem raubt mir dieses Spielchen selbst Energie, weil ich den ganzen Tag hektisch damit beschäftigt bin, den Wertmaßstäben anderer hinterherzulaufen, damit ich nicht beurteilt werde. Es bleibt mir gar keine Zeit und Muße mehr, damit ich herausfinden kann, wer ich bin und was meine wirklichen Sehnsüchte sind, weil sich meine Wünsche immer nur danach richten, was andere für erstrebenswert halten. Das ist meiner Ansicht nach der Hauptgrund, warum so viele von uns ein Leben führen, das ihnen gar nicht entspricht, weil sie sich Wertvorstellungen beugen und Ziele verfolgen, die sie oft schon in ihrer Kindheit angenommen und übernommen haben, ohne sie zu hinterfragen.

Einem Bekannten von mir wurde beispielsweise schon in seiner frühesten Kindheit ein sehr erfolgreicher Unternehmer als erstrebenswertes Beispiel eines erfüllten Berufslebens vorgestellt. Diesem Beispiel eiferte er daraufhin stets nach, trachtete selbst immer danach, ein erfolgreicher Unternehmer zu werden, und wunderte sich nicht nur darüber, daß ihn all das nicht glücklich machte, sondern noch mehr darüber, daß er schließlich erfuhr, daß dieses leuchtende Beispiel nicht nur privat nichts als Schiffbruch erlitten hatte, sondern daß ihm letztendlich auch sein so erfolgreiches Unternehmen entglitten war. Mein Freund hatte also jahrelang einem Phantombild hinterhergejagt und sein Leben nach einem Trugbild gebaut, nur um genauso »positiv« beurteilt zu werden wie das ihm stets vor Augen geführte Vorbild.

In Wirklichkeit ist nichts fehlerhaft, weder bei mir noch bei irgend jemanden sonst. Es gibt nichts zu kritisieren, es gibt nichts zu beurteilen, es gibt nichts zu verurteilen, es gibt nichts, auf das ich herabsehen könnte, es gibt nichts, über das ich mich erheben könnte.

Schaffe ich es, mich von all diesen Urteilen frei zu machen, gewinne ich eine ungeahnte Freiheit des Geistes, ich lasse meinen Geist frei für andere Dinge; außerdem schwindet so die Furcht, selbst beurteilt zu werden, denn je weniger ich selbst urteile, desto weniger messe ich all diesen Beurteilungen auch einen Wert bei, der mich betreffen könnte. Außerdem vermeide ich Beurteilungskreisläufe, in denen ich nur danach trachte, den, der mich schlecht beurteilte, bei nächster Gelegenheit auch schlecht aussehen zu lassen, worauf dieser dann wie bei einem Pingpongspiel dasselbe wieder bei mir versuchen wird und so weiter. Ich durchbreche diesen circulus vitiosus.

Ich weiß, es ist schwer, sich von Urteilen zu befreien. Ich selbst finde es auch schwierig, von heute auf morgen ganz damit aufzuhören. Also muß ich mit kleinen täglichen Übungen anfangen. Am besten beginne ich mit einer Stunde pro Tag, für die ich mir vornehme, über nichts und niemand zu urteilen. Sie können auch mit einer halben Stunde beginnen, wenn Ihnen eine Stunde zu lang sein sollte.

Nach und nach dehne ich diese Zeitspanne immer weiter aus, erst auf zwei, dann auf drei Stunden und so weiter. Sie werden sehen, wie frei Sie sich auf einmal fühlen werden, wie ungebunden und bereit für neue Dinge, weil Sie die Last der Urteile abgeschüttelt haben.

Und mit dieser Freiheit kommt dann, auch weil Sie von der Angst, bewertet zu werden, frei werden, wieder mehr Freude in Ihr tägliches Leben.

DAS KÖNNEN SIE TUN

Meine Energie verschwende ich nicht mit Beurteilungen und Verurteilungen.

① Nehmen Sie sich vor, heute für eine halbe Stunde nichts und niemanden zu beurteilen. Konzentrieren Sie sich darauf. Wenn es Ihnen am Anfang schwerfällt, sagen Sie sich immer wieder: »Jetzt will ich niemanden beurteilen.«

Ist Ihnen die halbe Stunde gelungen, dehnen Sie diese Zeit weiter aus, auf eine Stunde, anderthalb, zwei Stunden. Sie werden sehen, wie frei Sie sich fühlen werden.

Erwartungen, Ansprüche

»Und dabei kann man das, was sie suchen, in einer
einzigen Rose oder in einem bißchen Wasser finden ...«
Und der kleine Prinz fügte hinzu: »Aber die
Augen sind blind. Man muß mit dem Herzen suchen.«

Antoine de Saint-Exupéry, »Der kleine Prinz«

Erwartung ist von uns vorweggenommene Wirklichkeit. »Vorweggenommen« – dieses Wort drückt
sehr schön aus, was dabei passiert. Ich nehme mir
nämlich durch meine Erwartung die Freude am Erleben selbst weg. Wir bauen uns ein Wunschbild, wie
die Realität aussehen soll, und warten darauf, daß sich
diese Realität nach unserem Wunschbild entwickelt.
Dabei bleibt die Realität fast immer hinter unseren Erwartungen zurück.

Erwartungen zerstören jegliche Spontaneität und nehmen uns die Freude an den Ereignissen des Lebens,
weil wir nicht mehr neutral und unvoreingenommen
an sie herangehen, sie *geschehen* lassen können.

Außerdem verhindern wir durch eine übergroße Erwartungshaltung oft, daß Ereignisse überhaupt eintreten, weil wir sie damit erzwingen wollen. Alles jedoch,
was ich durch Kampf und Krampf erzwingen will, wird
mir durch die Finger gleiten.

Ich will Ihnen dies anhand von Beispielen verdeutlichen: Im letzten Kapitel meines Buches »Leben!«, in
dem ich meine Krankheits- und Genesungsgeschichte

beschrieb, war eines meiner Hauptanliegen, daß die Leser nicht fälschlicherweise glauben sollten, ich wolle ihnen mit meiner Geschichte eine Art Rezept oder Anweisung geben. Der Mensch ist in seiner Einzigartigkeit viel zu komplex, um jede Geschichte nur von einer Seite einer Medaille aus zu betrachten, und ich hätte diese Einzigartigkeit mißachtet, wenn ich diesen Anspruch erhoben hätte. Ich wollte vielmehr den Menschen in einer vergleichbar traumatischen Situation Mut machen und sie darauf aufmerksam machen, daß jeder seinen eigenen Weg finden kann und muß, daß es keinen Zweck hat, wenn ich mich dauernd nur auf eingefahrenen Pfaden bewege, sondern daß ich, gerade wenn es um ein so existentielles Problem geht, neue Wege beschreiten muß.

Aus den vielen Leserbriefen, die mich nach Erscheinen des Buches erreichten, und aus Gesprächen mußte ich jedoch entnehmen, daß die überwiegende Anzahl der Menschen hundertprozentig den Weg kopierte, den ich bei meiner Genesung gegangen war.

Sie suchten nacheinander die gleichen Therapeuten auf und besorgten sich die gleichen Medikamente. Eine Frau erzählte mir, sie habe sich so bemüht, den Krieg, wie ich es getan hatte, zu beenden und sich dies immer wieder vorzusagen, das habe jedoch überhaupt nicht geklappt, weil sie gar keinen Krieg in sich gefühlt habe.

Dieses Kopieren meines Weges gründete sich natürlich bei all diesen Menschen auf der riesigen Erwartungshaltung, wenn sie nur alles so machen würden wie ich damals, daß sie dann auch ebenso schnell genesen würden. Mich macht dies sehr betroffen, weil ich erkennen mußte, daß eines meiner Hauptanliegen, nämlich daß jeder Mensch seinen eigenen Weg finden wird und muß, übersehen worden ist. Ich kann doch nicht hergehen und Heil bei anderen erwarten, nur weil dies bei einem anderen Menschen so funktioniert hat.

Ich verstehe dabei gut, daß die Menschen in ihrer Panik und ihrer Verzweiflung nach jedem kleinsten Strohhalm greifen, das Verblüffende ist nur, daß ausgerechnet diese Erwartungshaltung und das daraus resultierende Kopieren das Gegenteil von dem bewirkt, was angestrebt wird. Die Erwartungshaltung führt nämlich dann zu einem solchen Krampf, etwas erzwingen zu wollen, zu einer solchen Fixierung auf das einzig mögliche Endergebnis, daß dieses gar nicht eintreten kann. Durch diese Ergebnisfixierung nehme ich mir nämlich die Möglichkeit, spontan auf die Botschaft zu hören und zu reagieren, die mir mein eigener Körper eingibt und sendet, sie versperrt mir vollkommen den Blick auf meinen ureigenen Weg. Diese Frau beispielsweise, die ebenfalls einen innerlichen Krieg beenden wollte und es nicht vermochte, konnte dies deshalb nicht, weil sie gar kein Kriegsthema wie ich hatte; sie hatte ein ganz anderes Thema, das sie bearbeiten mußte und das Grund für ihre Erkrankung gewesen war. Dadurch, daß sie dauernd einen Krieg beenden wollte, der gar nicht der ihre war, verschwendete sie Zeit und unglaublich viel Energie auf ein aussichtsloses Ziel und ignorierte dabei ihre eigenen Bedürfnisse, die Botschaften ihres eigenen Körpers.

Dadurch wurde sie frustriert und fühlte sich klein und unfähig. Ich riet ihr, statt dessen lieber auf ihren eigenen Körper zu hören und ihren Weg ohne Erwartungsdruck zu suchen.

Hier erkannte ich, wie schädlich eine solche Erwartungshaltung sich auswirken kann. Mit einer übergroßen Erwartungshaltung versenken wir immer unser eigenes Schiff, wie mit Äxten schlagen wir Löcher hinein.

Eine Erfahrung, die ich selbst mit enttäuschten Erwartungen gemacht habe und die Ihnen sicher in ähnlicher Form bekannt ist, ist folgende: Während unseres Studiums arbeiteten mein Mann und ich in den Semesterferien regelmäßig, um für die folgenden Ferien Geld zu sparen, damit wir in Urlaub fahren konnten. Da wir beide während unserer Kindheit kaum weite Reisen gemacht hatten, wollten wir so weit wegfahren wie möglich, weil wir beide dachten, dort sei es ganz anders und viel schöner als daheim. Weil wir außerdem soviel Zeit und Arbeit aufwendeten, bis wir genug gespart hatten, steigerte sich unsere Erwartungshaltung, was das Reiseziel anging, ins Unermeßliche. So groß war unsere Erwartung, daß kein Land der Erde, so schön es auch sei, damit hätte Schritt halten können.

Dies führte dazu, daß speziell ich, als wir an unserem ersten Reiseziel Hawaii ankamen, total enttäuscht war. Ich hatte ein Paradies erwartet und entdeckte – das wirkliche Leben. Das wirkliche Leben mit »normalen«, keineswegs paradiesischen, aloharufenden und stets mit Blumen bekränzten Fabelwesen, sondern Menschen wie du und ich. Ich entdeckte, daß es nicht nur feinsandige, weiße Strände gab, sondern genau wie bei uns geteerte Straßen mit viel Autoverkehr, häßliche und ungepflegte Gegenden. Erst nachdem sich die Enttäuschung über meine nicht eingetretene Erwartung gelegt hatte, konnte ich die fremdartige Schönheit dieser Inseln, so ganz anders als ich sie mir vorgestellt hatte, genießen und war schließlich auch froh, daß ich hergekommen war. Nur meine dumme Erwartung eines Traums, den es dort (und Gott sei Dank in keinem Urlaubsland der Welt) nicht gab, hatte mir die ersten Urlaubstage vermiest. Wäre ich vollkommen unbelastet und ohne Erwartungen hingefahren, so wie ich dies heute tue, hätte ich mich gleich an diesen neuen Eindrücken freuen können.

Eine weitere Erwartung, die mir in meinem täglichen Leben immer zu schaffen machte, war, daß ich an Tagen, an denen meine »Perle« nicht kommen konnte, von meiner Familie stets erwartete, daß sie mir im Haushalt hilft, und zwar sogar ohne daß ich sie dazu auffordern müßte.

Ergebnis dieser Erwartung war immer meine Enttäuschung darüber, daß ich schließlich ganz frustriert in der Küche stand und mir eben niemand half. Meine enttäuschte Erwartung führte dazu, daß ich immer daß Gefühl hatte, ausgenutzt zu werden, und wütend meine Familie »zum Helfen« aufrief, die dieser Aufforderung mit langen Zähnen und mißmutig nachkam. Auch wollte ich immer meinem Mann und den Kindern meinen eigenen Zeitplan aufdrücken und erwartete beispielsweise, daß sofort nach dem Essen der

Tisch abgeräumt werden müsse. Geschah dies nicht, räumte ich ihn allein ab und beschwerte mich anschließend darüber.

Worauf mein Mann sagte: »Du konntest ja nicht warten, bis wir abräumten, also habe ich kein schlechtes Gewissen, daß du es jetzt allein tun mußtest.« Sie sehen, in welche Lage mich meine Erwartung gebracht hatte.

Heute ist mein erklärtes Ziel, daß ich sowenig erwarten will wie möglich. Ich habe die Erfahrung gemacht, daß das Leben dadurch viel einfacher wird, daß ich viel mehr Freude an meinen täglichen Aufgaben haben kann und daß außerdem der Umgang mit meiner Familie viel unkomplizierter wird. Ich habe einmal in einem Gespräch klargestellt, daß in der Familie alle gegenseitig helfen müssen, und freue mich inzwischen einfach, wenn meine Söhne beim Essenmachen helfen wollen. Ich lasse heute auch den Tisch einfach gedeckt stehen und rege mich nicht darüber auf, wenn er erst Stunden später abgeräumt wird.

Wenn ich ohne Erwartung an mich und meine Umgebung herangehe, erlebe ich so viele freudige Überraschungen, ich bleibe offen für spontane Einfälle, weil mein Tag nicht durch all diese Erwartung, daß etwas Bestimmtes geschehen *muß*, im voraus verplant ist.

Früher kam mein Mann beispielsweise, wenn er mich vom Flughafen oder Zug abholte, regelmäßig mindestens eine halbe Stunde zu spät. Jedesmal ärgerte ich mich schrecklich, weil ich erwartet hatte, daß er vor dem Gate oder auf dem Bahnsteig stehen müsse, wenn ich aus der Gepäckabfertigung oder dem Zug kam. Jedesmal hatten wir eine nette kleine Diskussion, warum er nicht pünktlich gewesen war.

Irgendwann sagte ich mir: »Schluß jetzt! Hör auf damit!« Dieses ganze Problem hing ja nur wieder mit meiner enttäuschten Erwartung zusammen. Also nahm ich mir für die nächste Ankunft am Flughafen vor, nicht zu erwarten, daß er pünktlich sei. Ich ging durch das Gate, sah ohne negative Empfindung, daß er nicht da war, setzte mich hin, zog mein Buch heraus und las.

Eine gute halbe Stunde später kam mein Mann und erwartete seinerseits die übliche ärgerliche Diskussion über sein Zuspätkommen. Wie wunderte er sich, als ich, ohne jegliches Anzeichen von Ärger, aufstand und ihn mit den Worten begrüßte: »Schön, daß du da bist.« Er wollte zu Entschuldigungen ansetzen, warum er später gekommen sei, und stellte erstaunt fest, daß sie mich nicht interessierten. Er war so erleichtert und froh, daß ich mich beglückwünschte, daß ich diesen Schritt getan hatte. Und das Erstaunlichste und Verblüffendste kam erst: Seit diesem Tag ist mein Mann *immer* pünktlich und steht bereits vor dem Gate, wenn ich herauskomme. Ist das nicht faszinierend, was eine begrabene Erwartung bewirken kann?

Also sollten wir uns jeden Tag, genauso wie bei den Urteilen, die wir so gern fällen, darauf konzentrieren, daß wir unsere Erwartungen im Zaum halten. Auch dies funktioniert gut mit täglichen kleinen Übungen, die ich nach und nach ausdehne. Etwa so: Heute nehme ich mir vor, für die nächste Stunde keinerlei Erwartungen an mich, meine Mitmenschen oder auch an Situationen zu stellen.

Auch diese Zeitspanne von zunächst einer oder auch nur einer halben Stunde kann ich nach und nach, ganz wie ich mich fühle, ausdehnen.

Nur, wenn ich *nichts* erwarte, kann ich *alles* bekommen.

Ähnlich verhält es sich mit unseren Ansprüchen. Bitte glauben Sie nicht, ich sei frei von Ansprüchen! Durch die Erfahrungen, die ich gemacht habe, lernte ich jedoch mehr und mehr, wie sehr mir meine eigenen Ansprüche im Weg standen.

Spirituelles Leben? Ja, aber nicht ohne Geld. Selbsterkenntnis? Ja, aber nicht ohne Sicherheit. Veränderung? Ja, aber nur, wenn alles um mich herum beim alten blieb. Ausgehen und tanzen? Ja, aber nur mit einem teuren Kleid.

Dieses »Ja, aber«, das ja im Grunde kein Ja, sondern ein sattes Nein ist, diese Anspruchshaltung hat immer auch etwas Lebensfeindliches, weil sie zeigt, wie angestrengt wir uns bemühen, an unseren gegenwärtigen Ansprüchen festzuhalten und uns damit – letztlich – dem Fluß des Lebens entgegenstellen. Ansprüche führen zur Erstarrung und machen uns unfrei, weil sie uns meist die Möglichkeit eines Neubeginns nehmen, weil wir uns durch sie gegen neue Gegebenheiten und Einsichten sträuben. Dies heißt nicht, daß ich mich beispielsweise nicht mehr über erreichte materielle Dinge freuen darf, sie dürfen nur nicht eine solche Bedeutung in meinem Leben gewinnen, daß ich ohne sie nicht mehr auskomme.

Vielleicht haben Sie schon einmal etwas von einem ganz neuen Trend aus den Staaten gehört, der sich »Downshifting« nennt. Downshifting meint, daß ich, was meine materiellen Güter und Ansprüche angeht, eine Bestandsaufnahme mache, damit ich mir klarwerde, an was ich wirklich hänge und worauf ich relativ leichten Herzens verzichten kann. Als Beispiel las ich neulich die Geschichte eines erfolgreichen Schweizer Yuppie-Paares, das sich als Doppelverdiener ohne Kinder so ziemlich jedes Luxusgut geleistet hatte – eine große Villa, eine Ferienwohnung, zwei große Luxuslimousinen, teure Designerklamotten und Designermöbel und sogar eine kleine Gemäldesammlung. Eines Tages machten sie eine solche Bestandsaufnahme, als sie von dem Downshiftingtrend in den USA gehört hatten, und wurden sich bewußt, wieviel sie für all diese so tollen Sachen jeden Tag arbeiten mußten. Sie erkannten, daß sie nicht einmal die Zeit hatten, sich wirklich daran zu freuen, sondern daß sie die Sachen mehr oder weniger lediglich als Statussymbole betrachteten, die nicht nur dazu führten, daß sie weniger Zeit füreinander hatten, sondern auch, daß sie sich ständig Gedanken und Sorgen um Versicherungen, Diebstahl, Erhaltung des Gartens und so weiter machten. Sie wurden sich einig, daß sie beide lieber weniger arbeiten und dafür auf einige oder sogar viele dieser Statussymbole, die ihnen weder Glück noch Zufriedenheit schenkten, verzichten wollten. Also verkauften sie ihre Villa und ihre Ferienwohnung und tauschten ihre beiden Luxusautos gegen ein kleines Auto um, kauften sich eine Drei-Zimmer-Woh-

nung und stellten einen großen Teil ihrer Gemäldesammlung, für die nun kein Platz mehr war, bei
Freunden unter; die meisten ihrer Möbel verschenk-
ten oder verkauften sie.

Als sie dann solchermaßen »erleichtert« in ihrer Drei-
Zimmer-Wohnung saßen, wurden sie sich einer inneren Erleichterung und Freiheit bewußt, die sie vorher
nicht gekannt hatten. Nach und nach bemerkten sie,
wieviel Qualität ihr tägliches Leben gewonnen hatte.
Da sie beide sehr viel weniger arbeiteten, fielen sie
abends nicht mehr todmüde ins Bett, sondern gingen
gemeinsam in die Oper, Tanzen oder ins Kino und tra-
fen Freunde, die sie jahrelang vernachlässigt hatten.
Kurz, durch diesen für beide sicher auch teilweise
schmerzhaften Verzicht auf Statussymbole tauschten
sie den Besitz von toten Dingen gegen lebendiges,
lebensfrohes Leben ein.

Ich will hier nicht propagieren, daß nun alle diesem
Beispiel folgen müssen, ich selbst habe dies auch nicht
getan, aber ich finde, dies ist ein gutes Beispiel, wohin
ich gelangen kann, wenn ich meine Ansprüche über-
prüfe. Es muß ja nicht gleich ein Downshifting dieses
Ausmaßes sein, ich kann ja auch schon einmal damit
anfangen, daß ich mich frage, ob ich dieses oder jenes,
das ich mir kaufen wollte, wirklich brauche und haben
möchte. Das mache ich beispielsweise bei meiner Kleidung. Früher mußte ich in jeder neuen Saison die neu-
esten Trends der Designer in meinem Schrank haben.
Mittlerweile ist mir klargeworden, daß ich mein Geld
lieber anders ausgebe oder es gar nicht ausgebe. Ich
habe nicht mehr soviel Spaß am Einkaufen wie früher,

es gibt mir keine Befriedigung. Außerdem habe ich das Gefühl, daß diese angeblich so neuen Trends meist nur das beinhalteten, was ich sowieso schon im Schrank hängen hatte, aber nicht sehen wollte, weil zuviel von meinem Selbstbewußtsein an meiner Kleidung hing und ich daraus zuviel scheinbare Freude bezogen hatte.

Inwieweit jeder seine Ansprüche herunterschrauben möchte, bleibt jedem selbst überlassen.

Trotzdem kann es mir nicht schaden, wenn ich einmal eine Bestandsaufnahme mache, damit ich mir bewußt werde, was mir wirklich wichtig ist, und worauf ich verzichten könnte.

DAS KÖNNEN SIE TUN

Je weniger Erwartung ich habe, desto mehr Freude kommt in mein Leben.

① Bei allen, auch den kleinsten Ereignissen, die täglich anstehen, prüfen Sie, ob mit diesen Ereignissen eine Erwartung bei Ihnen verknüpft ist. Stellen Sie fest, daß Sie etwas erwarten, nehmen Sie sich vor, diese Erwartung auf null zu drehen. Sagen Sie sich immer wieder: Ich erwarte nichts. Ist Ihnen das, auf konkrete Ereignisse bezogen, zu schwierig, setzen Sie sich eine bestimmte feste Zeitspanne pro Tag, etwa eine Stunde, für die Sie sich vornehmen, nichts zu erwarten.

② Machen Sie nicht andere Menschen nach mit der

Erwartungshaltung, dann genauso zu werden wie sie oder das gleiche zu erreichen. Finden Sie Ihren eigenen Weg.

③ Machen Sie eine Bestandsaufnahme von allem, was Sie besitzen, damit Sie sich bewußt werden, woran Sie wirklich hängen und worauf Sie eventuell verzichten könnten.

④ Fragen Sie sich bei Einkäufen: »Brauche ich das? Will ich das wirklich?«

Unglück, Krisen

Ich bereue nichts. Ich habe gespielt und verloren.
Aber ich habe den Wind auf freier See
atmen dürfen. Das vergißt niemand, dem es einmal
vergönnt war. Nicht wahr, Kameraden?
Wir suchen ja nicht die Gefahr, das ist Wichtigtuerei,
mit den Stierkämpfen habe ich nichts gemein.
Nein, ich suche nicht die Gefahr,
ich weiß, was ich suche: Ich suche das Leben.

Antoine de Saint-Exupéry, »Wind, Sand und Sterne«

Mein Buch »Leben!« begann ich mit dem Satz: Jeder Mensch erlebt irgendwann seine eigene höchstpersönliche Krise und dadurch seine einzigartige Chance.

Ich stehe hinter diesem Satz, auch wenn ich natürlich niemandem eine Krise oder ein Unglück wünsche. Dennoch muß ich für mich heute eingestehen, daß mir noch nie so weit die Augen geöffnet wurden wie damals, als mich diese »Katastrophe« traf, und das, obwohl ich bei der Diagnose damals sicherlich von dem Gefühl der Freude so weit entfernt war wie der Nordpol von der Südsee. Manchmal frage ich mich, warum wir erst eine solche Krise brauchen, um herauszufinden, was Freude wirklich ist. Dabei liegen selten Extreme so nah beieinander wie hier: Der Schock, die Trauer, das Unglück, wenn ich in eine Krise in meinem Leben gerate, und das Glück, die Erleichterung, die Freude, wenn ich sie gemeistert habe.

Ein Unglück oder eine Krise erreicht mich dann, wenn ich am wenigsten »bei mir bin«, wenn ich mich innerlich soweit von mir und meinem wahren Selbst entfernt habe, daß ich jede nur mögliche Gelegenheit nutze, mit der ich diese innere Flucht vor mir selbst verdrängen kann.

Der Designer Wolfgang Joop sagte kürzlich in einem Interview: »Natürlich habe ich Kokain probiert. Was die Leute sagen, stimmt immer irgendwo. Ich war, was die Leute über mich sagen: a shadow, ausgebrannt, fertig. Das Leben ist mir entglitten.« Und: »Ich war unzufrieden und verwöhnt; ich eskapierte, ich haute ab, ich habe mich betrunken, ich wollte der nicht sein.«

Dieser Satz: »Ich wollte der nicht sein«, hätte genausogut für mich damals stehen können. Ich wollte auch nie die sein, die Krebs hatte. Ich wollte stets die verwöhnte Prinzessin bleiben, und die hat ja schließlich keinen Krebs, oder? Weil ich so sehr an dieser unsinnigen Rolle festhielt, weil ich so sehr mit dem Aufrechterhalten dieses schönen Scheins beschäftigt war, weil ich deshalb alle Anzeichen der Krankheit vor mir und anderen versteckte, ist auch mir das Leben irgendwann entglitten, obwohl es nach außen ganz anders aussah.

Dieser schöne Schein nach außen war für mich das, was für Joop der Alkohol oder das Kokain war – die Verdrängung, die Entfernung, die Flucht vor mir selbst, weil ich mich nicht kannte und mich so, wie ich ahnte, daß ich bin, nicht akzeptieren wollte.

Auch diese Identitätskrise hat der Designer in seinem Interview klar dargestellt: »Wer ist Joop? Soll ich mich immer kennen? Joop ist zuviel. Ich kenne mich nicht. In meiner Seele sind zu viele Puppen.« Die Puppen – das sind die verschiedenen Masken und Rollen, die ich mir zulege. Auch in meiner Seele war eine Puppe, nämlich die der Prinzessin, zuviel.

Solange ich vor mir selbst weglaufe, wie die Verdrängungsmechanismen und Ausweichmanöver auch immer aussehen – Konsumrausch, übertriebene Aktivität, Macht, Geld, Drogen, Alkohol und so weiter –, werde ich mich auch nie kennenlernen, werde ich aus dieser Identitätskrise nie herauskommen und damit von einer Krise in die nächste stolpern, bis ich endlich etwas daraus lerne. Für mich war damals diese meine erste Krise überhaupt (mit sechsunddreißig!) auch gleich Endstation – so sah es zumindest aus. Das hieß für mich, und das war etwas, was ich sehr schnell begriff, entweder ich kapierte es jetzt, entweder ich wachte jetzt auf oder nicht mehr. Es gab keine Ausweichmöglichkeit mehr. Vielleicht war dies auch einer der Gründe, warum ich es so weit hatte kommen lassen: damit mir diesmal (als Weltmeister im Verdrängen) jede Möglichkeit der Verdrängung genommen war, damit ich nicht mehr fliehen konnte.

»Ich suche das Leben« – dieser Satz von Saint-Exupéry aus seinem Buch »Wind, Sand und Sterne« gilt meines Erachtens für alle, die in einer Krise stecken, und vielleicht nicht nur für die.

Gerade weil wir das Leben suchen, das wirkliche Leben, das wir nicht gefunden haben, stecken wir in einer Krise, trifft uns ein Unglück, keineswegs durch Zufall oder durch Schicksal oder – noch schlimmer, weil nach einem Verantwortlichen gesucht wird – durch einen anderen Menschen oder durch Gott.

Warum also nicht das Leben suchen, ohne durch eine Krise an der Wand zu stehen? Warum nicht mich selbst entdecken ohne Druck? Warum nicht dadurch vermeiden, daß ich überhaupt in eine Krise gerate? Warum mir immer wieder diese Freudenkiller im Leben suchen?

Eine Therapeutin sagte mir einmal, nach jahrelanger Bewußtseinsarbeit verstehe sie bis heute nicht, warum die Menschen so leidensfähig seien und sich beinahe ausnahmslos an die Wand stellen, bevor sie etwas lernen wollen. Sie sagte auch, sie arbeite am liebsten mit Krebskranken, weil die sich sofort öffnen würden, weil die ja meist schon an der Wand stünden.

Heute glaube ich, daß ich eine solche Sehnsucht nach dem Leben hatte, daß ich unbewußt auf diesen spitzen Punkt zugesteuert bin; vielleicht war mir ja unterbewußt klar, daß ich nur so etwas würde ändern können. Dies heißt unter keinen Umständen, daß ich diesen Weg empfehlen möchte. Es war mein Weg. Nicht jeder muß auf einen spitzen Punkt zusteuern, um sich kennenzulernen.

Ich habe das Gefühl, ich habe mein Leben aus dieser Krise neu leben gelernt, ich habe Freude und Lebenslust gewonnen, und dafür war ich bereit, den Preis zu zahlen. Mein Lohn war, aus einer Scheinwelt aufzuwachen und mich kennenzulernen, mein Lohn war, erwachsen zu werden.

Bei vielen Menschen werden die entscheidenden Weichen im Leben in Krisenzeiten gestellt. Und oft ist die

Krise auch eine Art Vergangenheitsbewältigung. Andrea Schub, einunddreißig, wurde 1992 wegen Mordes
an einer dreiundachtzigjährigen Frau zu lebenslanger
Haft verurteilt. Heute sagt sie: »Ich hab nicht die alte
Dame gemeint. Mit der hatte ich ja überhaupt nichts
zu tun. Sie war nur ein Ersatz. In meinem inneren
Film hab ich die Menschen gesehen, die mich jahrelang gedemütigt hatten. Die versucht haben, mich zu
zerstören. In den Minuten, wo ich zugeschlagen hab,
da hab ich das ganze Gift ausgespuckt. Seitdem bin
ich eine andere geworden, und ich denke, ich bin
freier, auch wenn ich dafür lebenslänglich hinter
Gittern sitzen muß.« Lassen wir in diesem Fall die
ganze – zweifelsohne vorhandene – Schuldkompo-
nente und die moralische Problematik einmal außer
acht, so bleibt trotzdem der Satz: »Ich denke, ich bin
freier, auch wenn ich dafür lebenslänglich hinter Gittern sitzen muß.« Eine durchlebte und verarbeitete
Krise hat, trotz aller Problematik, immer auch einen
positiven Aspekt, immer auch ein Körnchen Sinn,
auch wenn ich für eine solche Erkenntnis ein Leben
lang zahlen muß. Meine äußere Umgebung ist immer
auch der Spiegel meiner Seele. Das Außen, das mich
umgibt, das auf mich zukommt, ist ein Geschenk,
mein Inneres zu verstehen. Im Gefängnis sitzen ist so
eigentlich nichts anderes als ein Spiegel für die Un-
freiheit in mir selbst.
Deshalb glaube ich, daß Andrea Schub das Gefühl,
freier zu sein, mit der Erleichterung über ihre Vergangenheitsbewältigung verwechselt hat. Dennoch hatte
diese Geschichte für sie etwas von einem Katalysator,

der ihr wahrscheinlich erst bewußt werden wird, wenn sie wieder in äußerlicher Freiheit ist.

Augenscheinlich gelingt es nur wenigen, eine große Weichenstellung im Leben ohne Krise zu vollziehen. Dabei liegt mir nichts ferner, als die Krise als die große Weichenstellerin zu propagieren. Scheinbar brauchen wir sie nur alle irgendwann in unserem Leben, denn ich kenne keinen Menschen, dessen Leben immer nur aus Sonnenschein bestanden hat.

Viel interessanter wäre es doch, wenn ich mir selbst auf den Grund käme ohne Krise, wenn ich ohne sie die Freude in mein Leben bringen könnte, wenn ich sie gar nicht bräuchte, wenn ich sie umschiffen, vermeiden könnte.

Aber was kann ich dafür tun?

Das, was uns in eine Krise hineinmanövriert, ist, daß wir von uns selbst entfernt, nicht bei uns sind. Bei uns sind wir nicht, weil wir mit unseren Emotionen nicht klarkommen, weil wir nicht klar sind und unseren Mitmenschen keine klaren Botschaften senden.

Von unserer ursprünglichen Energie her sind wir alle gleich. Erst das Leben auf der Erde führt, da wir alle von unserer Geburt an mit den unterschiedlichsten Programmen konfrontiert werden, zu verschiedenen Verhaltensweisen und dazu, daß wir mit unseren Energien sehr verschieden umgehen.

Lassen Sie mich Ihnen ein Beispiel für ein Programm geben: Ich war ein pummeliges Baby und ein pummeliger Teenager; da ich nicht nur mir selbst signalisierte, sondern auch von allen Seiten signalisiert bekam, ich sei dick, entwickelte ich das Programm, daß ich zu dick sei, obwohl ich seit meinem sechzehnten Lebensjahr schlank bin. Solange ich dieses Programm hatte, hatte ich immer ein schlechtes Gewissen, wenn ich viel aß.

Mein Sohn ist immer sehr schlank gewesen. Viele Menschen fragen ihn, ob er genug esse. Er sei doch so dünn. Er ist keineswegs zu dünn, sondern ganz normal, hat aber durch die Reaktionen der Leute die Überzeugung entwickelt, daß er essen kann, was er will, und immer schlank bleiben wird. Er hat ein gegenteiliges Programm.

In Wirklichkeit gibt es gar keinen Unterschied zwischen uns, das, was wir essen, müßte für uns beide den gleichen Effekt haben. Da unsere Konzeption, unser Programm unseres Körpers aber so unterschiedlich ist, ist auch der Effekt unterschiedlich.

Also – unsere Programme führen dazu, daß wir mit unseren Emotionen nicht klarkommen. Weil ich von mir das Programm hatte, ich sei zu dick, kam ich mit jeder Emotion, die durch eine Bemerkung über meinen Körper ausgelöst wurde, nicht klar. Ich war verletzbar, auch deshalb, weil meine Eitelkeit, mein Ego, mein Selbstbild, mein innerlicher Bezugspunkt war: Ich war stets in meiner Eitelkeit getroffen.

Die Lösung sieht folgendermaßen aus: Jedesmal, wenn ich mir dieser Emotion, die mit meinem Programm, zu dick zu sein, zusammenhängt, bewußt bin, lokalisiere ich sie in meinem Körper und atme Farbe an diese Stelle. Sehe ich keine Farbe, atme ich Grün ein. Dies mache ich heute mit jeder Emotion, die mir bewußt wird.

Wenn ich auf diese Weise meine Emotionen kläre und meinen Programmen begegne, verhindere ich gleichzeitig, daß ich in eine Krise hineinrutsche, weil ich dann immer bei mir bleibe und mir meine Energie erhalte.

Stecke ich schon mitten in der Krise, so gilt es, mich wiederzufinden, damit ich mich selbst daraus befreien kann.

Dies kann ich für mich als Wunsch formulieren. Dafür hat José Silva in seinem Buch »Die Silva-Mind-Methode« eine wunderbare Technik beschrieben, die ich hier kurz wiedergeben möchte.

Ich fange damit an, daß ich mich in den sogenannten Alpha-Zustand bringe, ich zähle langsam von fünfzig auf null, zähle mich in einer Art Meditation in diesen Alpha-Zustand hinunter, bis ich ganz bei mir bin, in den Tiefen meiner Seele. Dann bewege ich meine Augen dreißig Grad nach oben. Dort sehe ich mein Problem (meine Krise). Dann bewege ich die Augen fünfzehn Grad weiter nach links. Dort sehe ich die Lösung. Dann gehe ich weitere fünfzehn Grad nach links. Dort sehe ich in einem weißen Rahmen, was ich mir in diesem Zusammenhang wünsche. Dieses Bild muß ich nun mit meiner Emotion, die ich dabei empfinde, etwa der Freude über diesen Wunsch oder jeglicher Emotion, die ich dabei habe, umarmen, umfangen. Alles, was ich mit und in dieser Emotion visualisiere, passiert. Mein Wunsch erfüllt sich, wenn ich ihn in meiner Emotion visualisiere.

Dazu ist es wichtig, daß ich mich so oft wie möglich in diesen Zustand des »Bei-mir-Seins«, des Alpha-Zustan-

des, der Meditation versetze und meine Wünsche formuliere.

Wenn ich also mit meinen Emotionen klarkomme,
indem ich sie Tag für Tag beatme, und wenn ich, wie
oben beschrieben, meine Wünsche visualisiere, ist
dies das beste Mittel gegen Krisen überhaupt.

Das können SIE tun

**Ich werde Unglück und Krisen vermeiden,
indem ich lerne, bei mir zu sein.**

① Wenn Sie merken, daß Sie mit einer Emotion (Zorn,
Ärger, Neid, Eifersucht usw.) auf eine andere Person
reagieren, lokalisieren Sie sofort diese Emotion in
Ihrem Körper und atmen Sie eine Farbe, die Ihnen Ihr
Körper eingibt, an diese Stelle. Sehen Sie keine Farbe,
atmen Sie Grün ein. Klären Sie auf diese Weise all Ihre
Emotionen, und Sie werden lernen, besser mit ihnen
klarzukommen. Sie erhalten sich so Ihre Energie, blei-
ben »bei sich« und vermeiden, daß Sie unbearbeitete
Emotionen in eine Krise, ein Unglück manövrieren.

② Ist die Krise schon da, meditieren Sie, oder gehen
Sie so oft wie möglich in sich und suchen Sie die Stille.
Umarmen Sie die Bilder, die Sie sehen, mit einer posi-
tiven Emotion (Freude, Glück). Alles, was Sie in dieser
Emotion visualisieren, passiert.

③ Machen Sie sich selbst Mut! Sagen Sie sich immer
wieder: Ich habe schon Situationen wie diese erlebt
und überstanden.

*Wie bringe ich Freude
in mein Leben?*

Partnerschaft, Ehe

sich an den Händen fassen
die Augen zumachen
und losrennen

daran,
daß Euch dieser Wunsch überfällt
erkennt Ihr
die Ankunft der Liebe

dann
dürft Ihr nicht zögern
faßt Euch an den Händen
macht die Augen zu
rennt los.

Alfred Andersch

Partnerschaft und Ehe bringen Freude in mein Leben. Ich spreche gern über die Liebe. »Liebe«, höre ich manche von Ihnen sagen, was für ein abgegriffenes Wort. Und doch: In der Essenz ist Liebe das, wonach wir uns alle sehnen: Liebe nicht nur in der Partnerschaft oder Ehe, nein, auch Liebe überall um uns herum, und vor allem *in* uns. Wenn Sie sich erinnern, ist es dann nicht die Liebe gewesen, die Ihnen in Ihrem Leben die größten Freudenmomente, das größte Glücksgefühl geschenkt hat?

Als mein Mann und ich heirateten, 1984 war das, wählte ich für die Einladungskarte zu unserer Hochzeitsfeier folgendes Gedicht von Rilke aus:

Und wie mag die Liebe dir kommen sein?
Kam sie wie ein Sonnen, ein Blütenschnein,
kam sie wie ein Beten? – Erzähle:

Ein Glück löste leuchtend aus Himmeln sich los
und hing mit gefalteten Schwingen groß
an meiner blühenden Seele ...

Manche fanden dieses Bild sehr kitschig – das störte mich gar nicht, weil dieses Bild so genau das in Worte faßte, was ich empfand.

Ich fühlte mich ganz und sonnig, ich fühlte meine Seele blühen, ich fühlte mich glücklich in dieser Beziehung, und dies ist bis heute, nach dreiundzwanzig Jahren Partnerschaft (mit sechzehn lernten wir uns kennen) so geblieben.

Uns allen ist die Macht der Liebe bewußt, ja, mir scheint, daß der Idealzustand sein muß, daß wir alle Liebe *sind*, daß unsere Handlungen von der Liebe bestimmt sind.

Jeder religiöse Botschafter, sei es Christus, Buddha oder Mohammed, gab als Kernpunkt seiner Botschaft, die die Welt veränderte, die Liebe weiter.

»Liebe deinen Nächsten wie dich selbst«, sagt Jesus. Aber wie viele von uns nehmen diese Botschaft an und anerkennen sie für sich selbst? Wir akzeptieren nicht die Kraft, die die Liebe in uns wecken kann, und wenden uns deshalb von ihr, von uns und unserer göttlichen Energie ab.

Nur das Annehmen meiner Selbst in Liebe und aller anderen in Liebe bringt Freude in mein Leben. Es gibt nur mich und die Liebe, die ich mir selbst entgegen-bringe. Dadurch bin ich im Geist vereint mit allen an-deren Seelen.

Das ist die Basis und der Ausgangspunkt für alle Part-nerschaften: Ich kann meinen Partner nur dann lieben, ich kann überhaupt irgend jemanden nur dann lieben, wenn ich gelernt habe, mich selbst in Liebe anzuneh-men.

Insofern beginnt jede Liebesbeziehung bei mir selbst, sie kann mich nur dann erfüllen, wenn ich mit mir selbst im reinen, wenn ich bei mir bin. Nur dann kann ich auch Liebe geben. Dafür muß ich mich mir selbst öffnen, mich selbst annehmen, wie ich bin. Bin ich mit mir selbst eins, so gibt es auch keine Trennung mehr zwischen mir und anderen Menschen. Trennung ist immer eine Illusion. Fühle ich mich von anderen Men-schen getrennt, fühle ich, ich sei besser oder schlech-ter als sie, beurteile ich Menschen unterschiedlich, und sehe sie nicht alle mit den gleichen Augen der Liebe an, weiß ich nicht, was Liebe ist. Dann bin ich von mir selbst getrennt und damit auch in Trennung zu allen anderen.

Liebe basiert auf meinem Bewußtsein und nicht auf meinen Handlungen. Liebe braucht keinen Grund, sie spricht mit der Weisheit des Herzens. Träume werden wahr, wenn sie still im Herzen gehalten werden. Denn alles ist in Resonanz miteinander verbunden.

Mich selbst in Liebe annehmen, das heißt auch an-nehmen, daß ich weder perfekt bin noch perfekt sein muß. Wenn wir verliebt sind, scheint uns der Partner perfekt in jeder Hinsicht zu sein, wir kommen gar

nicht auf die Idee, daß irgend etwas zu verändern
wäre, weil wir den anderen mit den Augen der Liebe
betrachten, und in den Augen der Liebe gibt es nur
Schönes, nur Richtiges, nur Gutes. Mit diesen Augen
müssen wir auch uns selbst betrachten, wir müssen in
uns selbst verliebt sein, allerdings ohne narzistisch in
unser Selbstbild vernarrt zu sein.

Ovid sagt: »Um zu lieben, sei liebenswert, sei in dich
selbst verliebt.«

Ich glaube, dies ist ein sehr wichtiger Punkt: Um mich
selbst zu lieben, muß ich mich liebenswert finden.

Da wir alle mit einem Perfektionsdrang großwerden,
und jeder stets etwas an sich selbst auszusetzen hat,
finden die allerwenigsten von uns sich selbst liebenswert. Und weil wir uns selbst nicht liebenswert finden, können wir auch nicht glauben, daß irgend
jemand anderes uns liebenswert findet und uns liebt.
Genau hieraus erwächst der stete Zweifel: »Werde
ich noch geliebt?« Dieser führt dazu, daß wir immer
wieder nach Liebesbeweisen, Liebeserklärungen und
Liebesgeschenken verlangen und – viel gefährlicher
noch – daß wir uns selbst oder Teile von uns aufgeben, nur um in den Augen des Partners liebenswert
zu sein. Besonders bei Frauen ist dies ein häufiges
Phänomen. Um es ihrem Partner recht zu machen,
spüren solche Menschen intuitiv, was die Wünsche
des anderen sind, und formen sich selbst, um diesen
Wünschen gerecht zu werden, bis sie es irgendwann
doch nicht mehr aushalten und sich weigern, sich
weiterhin für ihre Liebe aufzugeben. Dann ist die Beziehung im Grunde zerstört, und das nur, weil sich

einer der Partner so wenig selbst lieben konnte, so wenig liebenswert fand, daß er sich selbst aufgegeben hat.

Eine Partnerschaft ist keine Symbiose, sie ist eine Gemeinschaft zweier sich liebender, aber auch einzigartiger und damit unterschiedlicher Menschen mit unterschiedlichen Bedürfnissen, mit unterschiedlichen Meinungen, unterschiedlichen Zielen und unterschiedlichen Gefühlen.

So wie ich mich selbst als einzigartig anerkennen muß, muß ich auch meinen Partner in seiner Einzigartigkeit achten. Einem liebenden Menschen – so denken wir – müßte die Achtung des Geliebten leicht fallen. Leider stimmt dies in den meisten Fällen nicht. Eine der häufigsten Klage, die ich als Rechtsanwältin von scheidungswilligen Partnern hörte, war, daß sie sich nicht geachtet fühlten, daß sie das Gefühl hatten, ihr Partner mißachte sie und ihre Bedürfnisse. Was mir aus heutiger Sicht dabei klar wird, ist, daß der, der sich mißachtet fühlt, sich in Wahrheit selbst mißachtet. Da wir andere Menschen nur in der Resonanz mit uns selbst wahrnehmen, da wir vereint sind mit allen anderen Seelen, kann uns unser Partner nur das zeigen, was wir selbst schon in uns tragen. Mißachten kann ich mich jedoch nur in meinem Selbstbild, weil es an meinem wahren Selbst nichts zu mißachten gibt, und mißachtet fühle ich mich auch nur in meinem Selbstbild.

Gerade in der Partnerschaft, in der Liebe, spielt das Selbstbild und damit auch die Selbstdarstellung für den Partner eine große Rolle. Diese Selbstdarstellung

geht fast immer auf Kosten der Ehrlichkeit, der Echtheit und damit immer an die Substanz der Beziehung.
Ohne Ehrlichkeit gibt es keine wahre Liebe. Ehrlichkeit
und Echtheit haben auch immer etwas mit dem Sich-
Öffnen für andere zu tun, damit, daß ich mich so
zeige, wie ich bin, und nicht so, wie es eine imaginäre
Rolle von mir verlangt. Liebe wird aber oft deshalb
ausgeschlossen, weil »Sich-Öffnen« zu oft gleichge-
setzt wird mit »Schwachsein« und »Sich-Verschließen«
mit »Starksein«. Die Gesellschaft suggeriert uns, daß in
unserer Welt die Liebe nicht sicher sei und es einfacher sei, sich zu verschließen, als sich zu öffnen,
weil dann die Gefahr geringer wäre, verletzt zu werden. Deshalb erleben wir meist nur die Liebe in dem
eng begrenzten Raum unserer Familie. Und selbst da,
nicht einmal bei dem Menschen, der uns am nächsten
ist, unserem Partner, zeigen wir unser wahres Gesicht,
sondern meist nur eine Maske, eine Rolle. Auch hier
handeln wir aus der Angst heraus, verletzt zu werden.
Diese Angst ist ein Zeichen dafür, daß wir der tiefen
Überzeugung sind, so wie wir wirklich sind, weniger
wert zu sein.

Wie arm ist das doch, aus Angst vor Verletztwerden
auf wirkliche Liebe zu verzichten.

Wenn wir wirklich lieben, trennen wir unsere Handlungen von dem Glauben, liebenswert zu sein, wir fühlen uns dann so aufgehoben in unserer Beziehung,
daß wir in unseren Handlungen unser Selbstbild und
unsere Selbstdarstellung vergessen, weil wir in diesen
Handlungen nicht beweisen müssen, daß wir liebenswert sind. Wir geben uns so, wie wir sind.

Wenn wir wirklich lieben, geben wir auf allen Ebenen und erwarten nichts als Ausgleich.

Wenn wir wirklich lieben, beurteilen wir nicht und haben keine Angst, beurteilt zu werden.

Wenn wir wirklich lieben, erwarten wir nicht, uns von unserem Partner geliebt zu fühlen, wir wissen, daß es so ist.

Wenn wir wirklich lieben, machen wir uns nicht abhängig von unserem Partner, noch versuchen wir, ihn abhängig zu machen.

Abhängigkeit ist eines der grausamsten Kapitel in der Partnerschaft, denn sie führt zum langsamen Tod der Liebe. Mache ich mich abhängig von meinem Partner, bürde ich ihm die Verantwortung für mein Leben auf, und ich mache mich selbst klein. Abhängigkeit bedeutet gleichzeitig eine Unterordnung, denn der Abhängige begibt sich in die schwächere Position, er gibt damit einen Teil von sich auf. Meist spielt dabei die Angst, verlassen zu werden, eine große Rolle, oft auch die Angst, dann keinen neuen Partner zu finden und wieder einmal das Gefühl, nicht genug wert zu sein, nicht liebenswert zu sein.

Auch in der Abhängigkeit liegt ein Mangel an Echtheit, weil ich mich dann als eigenständiges, einzigartiges Wesen negiere, meine eigene Schöpferkraft vergesse und mich an eine andere »dranhänge«, ein Anhängsel bin.

Dabei kann Abhängigkeit in verschiedenen Bereichen stattfinden, wobei ein Bereich in den anderen übergreifen kann. Aus finanzieller Abhängigkeit kann beispielsweise sehr schnell auch emotionale Abhängigkeit

werden, wegen der möglichen Verlustangst, nicht
mehr versorgt zu werden.

Als ich im April 1996 in die Schweiz umzog, nachdem mein Mann dort schon über zwei Jahre arbeitete, konnte ich, da ich keine Schweizer Anwaltsli-
zenz besitze, nicht als Anwältin arbeiten. Ein gutes
halbes Jahr arbeitete ich deshalb wenig und lebte
mit vom Geld meines Mannes. Okay – ich habe zwei
Kinder, und hier in der Schweiz ist das weibliche
Rollenverständnis durchaus noch ein anderes als in
Deutschland, denn es ist noch in den meisten Fällen
so, daß die Frauen daheim die Kindererziehung übernehmen und den Haushalt managen. Da meine Situation also gesellschaftlich durchaus anerkannt wurde,
konnte ich meine wachsende Unzufriedenheit angesichts meiner finanziellen Abhängigkeit von meinem
Mann anfangs gar nicht lokalisieren. Dabei ist mein
Mann nie jemand gewesen, der auch nur mit einem
Wort ein solches finanzielles Ungleichgewicht erwäh-
nen würde, weil es ihn weder stört noch besonders
wichtig für ihn ist.

Nein, *ich* war diejenige, die diese Situation massiv
störte. Wir hatten immer in einen Topf gewirtschaftet,
und plötzlich hatte ich für diesen Topf nichts mehr,
das ich einzahlen konnte.

Ich begann, mich kleiner und kleiner zu fühlen, außerdem war ich mit dem Hausfrauendasein nicht ausgela-
stet und fühlte mich intellektuell unterfordert und wie
das Heimchen am Herd. Natürlich findet auch dieses
Problem primär im Kopf statt, und daß ich mich kleiner fühlte, hatte allein mit meinem Selbstwertgefühl

und meiner Selbstbeurteilung zu tun. Andererseits schwand dieses Gefühl schlagartig, als ich wieder mit dem Arbeiten anfing, und zwar deshalb, weil ich mich nicht mehr abhängig fühlte und es de facto auch nicht mehr war. Ich hatte den für mich gefährlichen Kreisel erkannt und wollte auf eigenen Füßen stehen. Ich hatte auch das Gefühl, als belaste ich meinen Mann mit meinem Bedürfnis nach Gespräch und Austausch, wenn er am Abend von der Arbeit kam. Er hatte den ganzen Tag über geredet und geredet und mußte mein Bedürfnis nach einem ebenbürtigen Gesprächspartner nun auch noch erfüllen, selbst wenn ihm mehr nach Ruhe war. Ich hatte das Gefühl, ich nützte ihn aus – in zweifacher Hinsicht – finanziell und emotional.

Das heißt nicht, daß die Entscheidung einer Frau, Hausfrau zu sein, falsch sei. Ich sage auch nicht, daß ab jetzt alle Frauen finanziell unabhängig sein müssen. Jede Frau muß vielmehr für sich selbst anhand ihrer eigenen Bedürfnisse und ihrer eigenen Partnerschaft prüfen und für sich entscheiden. Für mich – und nur für mich – war diese Entscheidung, meine eigenen Brötchen zu verdienen, sehr wichtig, damit ich mich aus der Abhängigkeit, in der ich mich fühlte, befreien konnte.

Da ich mich dafür auch selbst mehr achte, habe ich heute das Gefühl, daß auch mein Mann mich mehr respektiert. In der Abhängigkeit kann ich meines Erachtens nur sehr schwer ein hohes Selbstwertgefühl entwickeln und mich selbst liebenswert finden, ungeachtet der Tatsache, daß ich auch in dieser Situation liebenswert bin.

Weil wir uns selbst und unsere Schöpferkraft vergessen haben und nicht wirklich lieben, haben wir heute
so viele gescheiterte Beziehungen wie nie zuvor, so
viele Singles wie nie zuvor, so viele einsame Menschen wie nie zuvor und so viele Alleinerziehende wie
nie zuvor. Und als ob das eine Lösung dieser Misere
wäre, las ich neulich, daß man begonnen habe, die Institution Ehe oder auch die Monogamie selbst in Frage
und zur Diskussion zu stellen. Das Hauptargument
war, daß man von den heutigen Menschen nicht mehr
verlangen könne, mit einem einzigen Menschen ihr
ganzes Leben zu verbringen, weil dieses ganze Leben
wegen der enorm gesteigerten Lebenserwartung so
lang sei, daß ein Eheleben nicht wie früher zwanzig,
sondern dreißig oder vierzig Jahre dauern könne, und
es liege nicht in der Natur des Menschen, so lange
treu zu sein. Abgesehen davon, daß ich die heutige Partnerschaftsmisere nicht dadurch löse, daß
ich diese Lebensgemeinschaft generell in Frage stelle,
glaube ich auch so nicht an diese Hypothese. Ich
glaube, daß dieses Phänomen viel mehr mit dem Gefühl der Menschen zu tun hat, daß sie nicht liebenswert sind.

Ich glaube, mangelnde Treue liegt auch darin begründet, daß sich manche Menschen immer wieder durch
neue »Eroberungen« beweisen müssen, daß sie liebenswert sind und daß sie anderen gefallen. Oder daß
sie ihr Selbstbild durch einen anderen, attraktiveren,
jüngeren, reicheren, »besseren« Partner aufpolieren
wollen. Ich bin sicher, daß einem sogenannten »Sei-
tensprung« immer mangelnde Freude in und an der

Beziehung vorausging – und damit auch mangelnde Freude der Partner an und in sich selbst.

Diese mangelnde Freude kommt meines Erachtens daher, daß ein gigantischer Energieklau in unseren heutigen Beziehungen stattfindet, Tag für Tag.

Weil wir nämlich unsere eigene Schöpferkraft nicht finden, verarmen wir energetisch mehr und mehr, und wer ist dann das geeignetste und nächste Energiereservoir, aus dem wir schöpfen können? Unser Partner.

Das geht dann so: Der Mülleimer ist voll und quillt fast über. Frau sieht das und sagt: »Warum ist der Mülleimer eigentlich immer so voll? Hast du ihn schon wieder nicht ausgeleert? Das ist doch deine Aufgabe.« Mann: »Ich hatte einen arbeitsreichen Tag und bin gerade erst nach Hause gekommen, so daß ich dazu keine Zeit hatte. Du könntest das ja auch einmal tun, was hast du schon den ganzen Tag zu tun, wenn die Mädchen in der Schule sind?«

Verstehen Sie, was ich meine?

Dieses »Warum-ist-eigentlich-immer« oder »Du-hast-schon-wieder« zielen darauf ab, Schuldgefühle zu erzeugen (was habe ich falsch gemacht?), und klauen somit dem, der sich »schuldig fühlt«, Energie. Die Antwort des Mannes ist dagegen ein Tiefschlag anderer Art. Mit seiner Reaktion auf den vorangegangenen Energieklau »Was hast du schon den ganzen Tag zu tun?« stiehlt er sich die Energie zurück, die er vorher abgegeben hat, denn nun fühlt sich die Frau klein und mies.

Mit solchen kleinen Grabenkriegen machen wir uns die Freude an unserer Liebe kaputt.

Wieviel einfacher wäre es doch, gleich zu sagen: »Würdest du bitte den Mülleimer ausleeren?«

Ohne Wertung, ohne Angriff, ohne Energieklau.

Um die Freude in meiner Partnerschaft lebendig zu halten (im ersten Verliebtsein befinden wir uns doch alle in einem Freudenrausch), muß ich erstens darauf achten, daß ich meinem Partner keine Energie nehme, indem ich ihn bewerte, angreife, unterdrücke, kleinmache.

Zweitens muß ich ein Mittel haben, mit dem ich mich bei solchen Energieklaumechanismen meines Partners schützen kann. Jedesmal, wenn ich emotional auf seine Worte reagiere, atme ich tief ein, bevor ich antworte oder handle. Ich relativiere damit meine Reaktion und reagiere auf die Situation angemessener. Wenn ich mich verletzt fühle, werde ich fast immer meinerseits danach trachten, die Verletzung zurückzugeben. Wenn ich mein Verletztsein beatme, verschiebe ich meine Konzentration von meinem Selbstbild auf mein Wahres Ich, und das kann sich gar nicht verletzt fühlen (siehe auch Seite 30). Die Ursache aller Konflikte liegt nicht im Außen, sondern allein im Innen.

Folglich muß ich auch an meinem Inneren arbeiten, damit ich Konflikte in meiner Partnerschaft lösen kann. Keinesfalls sollte ich bei einer Partnerschaftskrise meinen Partner verantwortlich machen oder ihm die Schuld geben, denn an einem Konflikt bin ich genauso beteiligt. Fange ich bei mir an und »putze« das, was bei mir an negativen Emotionen hochkommt, wird dies auch direkt Auswirkungen auf das Klima mit mei-

100

nem Partner haben. Statt also immer wieder ihn ändern zu wollen, wie wir das so gerne tun, wenn wir den anderen für unsere Probleme verantwortlich machen, sollte ich ihn so lassen, wie er ist und bei mir anfangen.

Meine Therapeutin sagte immer: »Es hat überhaupt keinen Sinn, wenn ich mich bei den ersten aufkommenden Problemen oder auch nach Jahren in einer Partnerschaft von meinem Partner trenne, wie das heute so oft geschieht. Da unsere Seelen alle miteinander verwandt sind, warten mit dem nächsten Partner schon die gleichen Probleme auf mich, da ich sie bei mir und mit dem Vorgänger nicht gelöst habe.«

Dies wird eindrucksvoll untermauert von den Scheidungsstatistiken. Nicht nur ist der Prozentsatz derjenigen, die nach einer ersten Scheidung erneut geschieden werden, besonders hoch, was zeigt, daß aus der ersten gescheiterten Beziehung nichts gelernt wurde, Befragungen haben außerdem ergeben, daß meist für das Scheitern der zweiten Beziehung das gleiche Problem verantwortlich gemacht wird wie beim erstenmal. Ein Problem, das ich als Scheidungsgrund identifiziere, ist jedoch nicht das Problem meiner Beziehung, ist nicht das Problem meines Partners, sondern ist mein eigenes Problem.

Jeden Augenblick habe ich die Chance, daß ich meine Wahrnehmung ändere. Bearbeite ich, beatme ich ein Problem für mich, wird sich der Konflikt in der Partnerschaft auflösen, beziehungsweise gar nicht erst ergeben. Sie sehen, eigentlich könnten wir Anwälte im Grunde überflüssig sein, zumindest, was die Scheidungsfälle angeht, wenn die Menschen Probleme in ihrer Beziehung mehr im Innen als im Außen suchen würden.

Wenn ich also als Basis für eine gute Partnerschaft verinnerlicht habe, daß ich mich selbst lieben und liebenswert finden muß, können wir nun darüber reden, was ich konkret und Tag für Tag in meinem Verhalten beachten sollte, damit ich meine Beziehung »nähre« und »pflege«.

Es genügt nämlich nicht, wenn wir uns lieben, die Liebe allein trägt unsere Partnerschaft nicht. Es passiert oft genug, daß scheidungswillige Paare sagen, sie liebten sich zwar, könnten das tägliche Leben mit dem Partner jedoch nicht meistern, sie seien einfach zu verschieden. Was meiner Ansicht nach diesen Paaren fehlt, ist die Freundschaft, die die Liebe ergänzen muß. Bei einem Freund akzeptiere ich ja auch, daß er anders ist als ich – ja, ich finde dies sogar wünschenswert. Nur bei meinem Partner möchte ich immer, daß er so denkt und fühlt wie ich, daß er der gleichen Meinung ist, daß er mit mir in einer romantischen, symbiotischen Beziehung lebt. Dabei verkenne ich, daß gerade dieses Anderssein, das mich in manchen Momenten so stört, mich anfangs so angezogen hat. Wären wir alle gleich, was für eine tödliche Langeweile hielte Einzug in unsere Partnerschaft. Um aber Freund mit meinem Partner zu sein, muß ich aufhören, ihm etwas vorzuspielen, ich muß echt sein, ich muß mich auch dann angenommen fühlen, wenn ich so bin, wie ich nun mal bin.

Eine Bekannte sagte mir einmal, daß sie sich nackt

fühle, wenn sie nicht geschminkt sei, und daß sie jeden Morgen aufpasse, daß sie vor ihrem Mann im Bad sei, damit sie ihn geschminkt begrüßen könne. Ein anderer als ihr Mann, und sei es nur der Briefträger, dürfe sie auf keinen Fall ungeschminkt sehen. Würden Sie auch so mit einem Freund umgehen, mit einem geliebten Menschen? Merken Sie, wie da die Angst mitschwingt, mit Falten etc. nicht mehr geliebt zu werden? Wenn ich aber mit Falten etc. nicht mehr geliebt werde, wieviel ist meine Liebe dann noch wert? Neulich sah ich im Fernsehen eine Partnerschaftssendung. Eine junge Frau stand dabei an einem Pult und empfing nacheinander junge Männer, denen sie Fragen stellen sollte und nach der Antwort entscheiden sollte, ob ihr derjenige sympathisch sei oder nicht. Sie hatte dafür zwei dicke Knöpfe vor sich. Drückte sie auf den linken, gefiel ihr der Mann nicht, und er konnte gehen, drückte sie auf den rechten, wählte sie ihn, und es kam zu einer Verabredung. Ich hörte, wie sie die Frage stellte, was der Kandidat, der gerade an der Reihe war, denn bei Frauen am katastrophalsten fände und überhaupt nicht ausstehen könne. Der Mann antwortete: »Frauen über vierzig!« – »Ach ja«, sagte sie, »wegen der Falten und so?« – »Ja, genau«, sagte er, und schon hatte sie auf den linken Knopf gedrückt, und weg war er. Wie arm muß das Ich dieses Mannes sein, daß er so eine Antwort gibt, und wie wichtig sein Selbstbild? Und was tut er dann einmal mit seiner Frau, wenn sie vierzig wird? Läßt er sich scheiden? Und was tut er, wenn er selbst vierzig wird? Einen Freund mag ich

auch dann, wenn er Falten hat, vierzig wird, sechzig
wird, ungeschminkt ist, ich mag ihn, so wie er ist,
ohne daß ich etwas an ihm ändern wollte. Sehen Sie,
das gleiche muß für meinen Partner gelten. Wahre
Liebe ist unabhängig von äußeren Dingen, sie sieht
nur die Energie des Menschen.

Für mich ist mein Mann nicht nur mein Geliebter, er
ist auch mein bester Freund. (Übrigens: Er mag es
lieber, wenn ich ungeschminkt bin.) Natürlich brauche
ich auch noch andere Freunde, ich glaube, ohne meine
beste Freundin möchte ich auch nicht sein, aber sie
wohnt weit weg und mit meinem Mann lebe ich Tag
für Tag, er ist mir am nächsten, am vertrautesten, mit
ihm kann ich meine Erlebnisse teilen wie mit einem
Freund, auch wenn es Dinge gibt, die ich nur mit meiner Freundin teile.

Obwohl wir uns schon dreiundzwanzig Jahre kennen,
passiert es meinem Mann und mir noch immer, daß
wir uns bis drei Uhr nachts »verquatschen«, um dann
erstaunt die Uhrzeit zu registrieren. Das ist für mich in
meiner Beziehung sehr wichtig, die wundervollen Ge-
spräche mit meinem Mann. Manchmal sehe ich im Re-
staurant Paare, die tête-à-tête essen und sich fast nur
anschweigen. Das wäre nichts für mich. Ich glaube,
daß eines der größten alltäglichen Partnerschaftspro-
bleme in der mangelnden oder aneinander vorbei-
gehenden Kommunikation der Partner liegt. Statt miteinander zu reden, wird das Verhalten des anderen
interpretiert, es werden ihm Gedanken unterstellt, die
er nie hatte, und so kommt es zu Mißverständnissen,
die ein paar klärende Worte ohne Mühe aus der Welt

geschafft hätten. Ich bin ja nur dann bereit, mich der Ansichtsweise meines Partners anzunähern und eine andere Betrachtungsweise zu erwägen, wenn ich mich respektiert und geachtet fühle. Wenn ich mich selbst respektiere und achte. Nicht, was wir sagen, wirkt verletzend, sondern wie wir es sagen.

Manchmal, wenn mich die Unordnung im Hause störte, sagte ich beispielsweise meinem Mann: »Immer sieht es hier aus wie im Schweinestall. Nie räumt jemand auf!« Natürlich übertrieb ich maßlos. Was ich wirklich sagen wollte, war: »Ich fühle mich heute nicht besonders, und da stört mich die Unordnung mehr als sonst. Ich fuhle mich von der Hausarbeit heute überfordert, oder ich habe heute keine Lust dazu. Außerdem beachtet sowieso niemand das, was ich hier leiste, und ich fühle mich nicht liebevoll angenommen.«

Nach dem Satz, den ich ausgesprochen hatte, konnte sich mein Mann jedoch nur angegriffen fühlen und die Notwendigkeit sehen, sich zu rechtfertigen. Die Rechtfertigung »Das stimmt doch gar nicht, du übertreibst«, schürt dann das Feuer, statt es auszublasen, und so endet eine solche vergleichsweise Banalität – die sowieso in diesem Moment mit dieser Banalität nichts zu tun hat, sondern fast immer tiefergehende Gründe hat – in einem völlig unnötigen Streit. Statt die Dinge so beim Namen zu nennen, wie sie gefühlt werden, verschanzen wir uns hinter scheinbar alltäglichen Streitpunkten, die, wenn sie gehäuft vorkommen, den schleichenden Tod der Beziehung herbeiführen können und die uns in jedem Fall die Freude an unserer Partnerschaft nehmen.

Wir müssen immer auch die Andersartigkeit unseres Partners achten und in unsere Überlegungen mit einbeziehen.

Dies möchte ich Ihnen an folgendem Beispiel verdeutlichen: Neulich erzählte mir eine Freundin, die zwei kleine Töchter hat, sie sei abends mit einem Problem, die Kinder betreffend, konfrontiert gewesen, und als ihr Mann nach Hause kam, habe sie ihm davon erzählt (es handelte sich um eine alltägliche Frage). Ihr Mann bot sofort konstruktive Lösungen an. Seltsamerweise wertete sie diese Lösungsangebote nicht positiv und fühlte sich weder erleichtert, noch hatte sie den Eindruck, daß er wirklich Anteil an ihrem Problem nehme. Sie sagte mir vielmehr: »Weißt du, auf die Lösungen wäre ich auch allein gekommen. Ich wollte nur, daß er mir zuhört und mich in den Arm nimmt.« Ich bin sicher, daß ihr Mann wirklich konstruktiv helfen wollte und ihr sein Verstehen und seine Liebe zeigen wollte, für ihn waren seine Lösungsvorschläge der Liebesbeweis an seine Frau.

Meine Freundin hat also diese nicht als das angenommen, als das sie von ihm gedacht waren, und er hat nicht so reagiert, wie sie es gern gewollt hätte. Der Grund? Beide haben vollkommen unterschiedliche Auffassungen, wie ein liebevolles Verstehen angesichts eines Problems aussieht: Sie will, daß er sie anhört und in den Arm nimmt. Sie will ein emotionales Sich-Einlassen. Er gibt das, was er in einem solchen Fall selbst wollen würde: Lösungen.

Frauen und Männer nähern sich grundsätzlich unterschiedlich einem Problem, Frauen eher von der emo-

106

tionalen, Männer eher von der logischen Seite. Frauen sind gefühls-, Männer eher ergebnisorientiert (Ausnahmen gibt es natürlich).

In Streßzeiten fühlt sich ein Mann besser, wenn er Lösungen für ein Problem finden kann, eine Frau dagegen möchte darüber reden.

Als ich krank wurde, war der Lösungsansatz meines Mannes, soviel Material zum Thema zu sammeln wie möglich, damit in der scheinbar aussichtslosen Lage wenigstens alle möglichen Lösungsansätze entdeckt und gefunden wurden. Ich dagegen wollte mir eher durch reden Erleichterung verschaffen. Ich war deshalb nicht weniger an einer Lösung interessiert, und mein Mann war nicht weniger emotional beteiligt, wir hatten jedoch unterschiedliche Ansätze.

Diese Unterschiede zwischen Mann und Frau, die nun einmal da sind, sollten wir jedesmal, wenn wir uns über eine Reaktion unseres Partners ärgern oder uns unverstanden fühlen, berücksichtigen. Es sollte uns bewußt sein, daß unser Partner nicht deshalb anders reagiert, als wir es tun würden, weil er uns nicht liebt oder nicht versteht, sondern weil er die Dinge aus *seiner* Warte sieht, eben anders als wir. Wenn ich als Frau einen von meinem Mann angebotenen Lösungsvorschlag ignoriere, wird er mir nicht weiter zuhören. Schließlich bekommen Männer in unserer Gesellschaft von Kind an eingeimpft, daß sie Verantwortung tragen müssen und nicht scheitern dürfen. Deshalb sind sie auf Effektivität, Leistung und Erfolg gepolt. Sie wollen die Helden ihrer Frauen sein. Sie wollen für ihre Leistungen anerkannt werden. Und sie wollen alles allein

107

schaffen. Hilfe wollen sie nur dann, wenn sie darum bitten.

Ich erinnere mich an den Vater eines Freundes, der stets den Ehrgeiz hatte, den Weg mit dem Auto ganz allein zu finden. Selbst wenn dies bedeutete, daß er zu spät am Zielort eintraf, wollte er niemanden unterwegs nach dem Weg fragen. »Wir schaffen das allein«, sagte er immer. Und er schaffte es auch fast immer allein. Allerdings mit dem Ergebnis, daß er Streit mit seiner Frau hatte oder zumindest Ärger.

Alle diese unnötigen und unbedeutenden Kleinigkeiten, die so zermürbend für eine Partnerschaft sind wie der berühmte stete Tropfen, der den Stein höhlt, nehmen uns täglich die Freude an unserer Liebe. Und ist das nicht das Salz, aus dem eine Partnerschaft besteht – die tägliche Freude aneinander und das Glück, alles im Leben teilen zu können, die guten, wie die schlechten Tage? Leider halten die meisten Partnerschaften eher die guten als die schlechten Tage aus. Auch ich war so von dem Gedanken erfüllt, daß mein Mann sich angesichts meiner Krankheit von mir abwenden würde, daß ich es kaum glauben konnte, als er sich im Krankenhaus für drei Wochen in mein Zimmer einquartierte. Welche Freude ich angesichts dieser Geste der Liebe empfand, kann ich kaum beschreiben. Er wollte sich einlassen, er wollte bei mir sein.

Auch wenn es komisch klingt (und traurig ist), ich glaube, daß es sich erst in den »schlechten Tagen« einer Beziehung herausstellt, wie die Partner wirklich füreinander fühlen. Freude aneinander in guten Tagen zu haben ist wunderschön und auch leicht. Nichts ist da, was die Freude trüben könnte. Freude in schlechten Tagen an- und miteinander haben – das ist eine Kunst.

Diese Kunst basiert auf einer guten Kommunikation, und dazu gehören immer zwei. Kommunikation – heißt im Grunde Kommunion, das heißt, den anderen in Union mit mir bringen. Nicht nur Offenheit und Ehrlichkeit braucht es hier. Ich muß auch zeigen, daß ich meinen Partner anerkenne und achte und muß dies auch verbal ausdrücken.

Und: Meinungsverschiedenheiten sind nicht angenehm, ich weiß. Wenn es geht, vermeiden Sie Streit und Zwietracht – verdrängen oder unterdrücken Sie deshalb jedoch nie Ihre ehrlichen Gefühle! Streit kann sehr destruktiv sein. Wissen Sie, was mein Mann und ich bei einer Meinungsverschiedenheit oft machen? Wir schreiben die Für und Wider, die jeder von uns empfindet, auf ein Blatt Papier. Das hilft sehr, Streit zu vermeiden, weil die Gedanken geordnet werden. Und denken Sie nicht, Angriff sei die beste Verteidigung. Mein Mann hat das früher immer gedacht, weil er meinte, anders käme er nicht gegen meine »Anwaltsargumentation« an.

Trauen Sie Ihrem Partner! Er kann selbständig wachsen. Sprechen Sie über Ihre Gefühle, aber erwarten Sie nicht, daß der andere sich ändert. Nehmen Sie ihn so an, wie er/sie ist. Und geben Sie sich nicht auf. In einer wirklichen Partnerschaft darf es keine Hierarchie oder Über- und Unterordnung geben. Sie sind wichtig und einzigartig. Und Ihr Partner ist wichtig und einzigartig. Doch ändern können Sie immer nur sich selbst. Ihr Partner ist Ihr Geschenk, mit dem Sie wachsen können, von dem Sie lernen können.

Machen Sie sich frei von jeglichen Besitzansprüchen. Sie müssen auch mit sich allein sein können, es muß Ihnen auch dann gutgehen, wenn der andere nicht da ist. Weil Sie Spaß mit sich haben, all-ein(s) sind.

Mein Mann arbeitete die ersten sechs Jahre unserer Ehe für eine große Unternehmensberatung, und war in der Woche immer bei irgendeinem Klienten. Er flog Montag morgens weg und kam meistens erst Freitag abends mit dem letzten Flieger wieder. Diese »Wochenendehe« führten wir insgesamt zehn Jahre, sie hörte erst auf, als ich mit den Kindern in die Schweiz zog. Wie oft habe ich in dieser Zeit Unkenrufe gehört, wie ich das nur aushalten könne! Ich hielt es gut aus, ja manchmal genoß ich es sogar. Freiheit – und doch Nähe – ist das nicht eine tolle Kombination? Unserer Partnerschaft hat dies nur genützt; auf diese Weise hatte jeder von uns auch Zeit für sich, wir haben uns nie gegenseitig mit allzuviel Nähe erdrückt, und jeder hatte die Gelegenheit, auch einmal allein zu wachsen. Meiner Selbständigkeit hat dies sehr gutgetan. Trotzdem blieben wir einander nah, telefonierten jeden Abend und freuten uns jedesmal wie die Schneekönige auf das Wochenende.

Routine und Gewohnheit und Langeweile – das waren für uns Fremdworte.

Als ich in die Schweiz zog, sagte mir meine Freundin: »Das wird hart für dich sein, daß du jetzt deinen Mann jeden Tag da hast – eine große Umstellung.« Es war eine Umstellung – eine gute.

Die ganze Familie genießt heute, daß wir uns öfter sehen können. Und kurzweilig ist uns das Leben immer noch, Routine gibt es nicht. Außerdem gibt es ja wirkliche Trennung nicht, wir sind im Geiste sowieso immer beieinander.

Einer der wichtigsten Aspekte zum Schluß: das Universum funktioniert durch permanenten Austausch – geben und empfangen sind verschiedene Aspekte des Energieflusses im Universum. Jede Beziehung ist eine von Geben und Nehmen. Eins erzeugt das andere.

Shakespeare sagt es in Romeo und Julia:

> So grenzenlos ist meine Huld, die Liebe
> So tief ja wie das Meer. Je mehr ich gebe,
> je mehr auch hab ich: Beides ist unendlich.

Wirkliche Liebe gibt ohne Erwartung, daß etwas als Ausgleich wiederkommt. Und weil das so ist, bekommt der Gebende immer etwas, weil er *nichts* erwartet. Deepak Chopra sagt in seinem Buch »Die sieben spirituellen Gesetze des Erfolges«: »Alles, was im Leben einen Wert hat, multipliziert sich nur dann, wenn es gegeben wird. Wenn du beim Akt des Gebens das Gefühl hast, etwas verloren zu haben, hast du nicht wirklich gegeben, es war keine Energie dahinter.«

Das Ziel, wenn Sie Ihrem Partner etwas geben oder wenn Sie etwas empfangen, sollte immer sein, damit Freude sowohl beim Geber als auch beim Empfänger zu erzeugen.

Geben bringt Freude, empfangen bringt Freude, wenn beides ohne Bedingungen geschieht, wenn es aus Liebe kommt. Wirkliche Liebe gibt immer ohne Bedingungen, ohne Wenn und Aber.

Geben kann ich auf vielerlei Weise. Ich glaube, daß ich in einer Liebesbeziehung am besten durch Aufmerksamkeit, Achtung und Berührung geben kann. Wenn ich anerkenne, was mein Partner mir geben will, wird er es gern geben und mit Freude. Wenn ich ihn oder seine Gabe mißachte, wird er mir immer weniger geben.

Vor einigen Jahren half mein Mann einem Freund ein großes Gemälde in dessen Wohnung aufzuhängen. Es war viel Arbeit, und sie waren erst nach drei Stunden damit fertig. Als sie eben ihr Werk begutachteten, kam die Ehefrau des Freundes nach Hause, sah das Gemälde und sagte: »Aber es hängt zu weit links. Überhaupt gefällt mir das so nicht.« Mit »hängenden Ohren« brachte unser Freund meinen Mann an die Tür und sagte: »Manchmal weiß ich wirklich nicht, warum ich noch mit ihr zusammenlebe. Wenn sie nicht manchmal auch ganz bezaubernde Seiten hätte, wäre ich schon längst weg.«

An diesem Beispiel sehen Sie, wie ein Mensch und seine Gabe mißachtet werden können und wie tief die Verletzung ist, die daraus entstehen kann. Natürlich zeigte diese Frau im Grunde nur, wie sehr sie sich selbst mißachtete, sonst hätte sie nie so reagieren können. Wenn ich jedoch denjenigen, der gibt, stets oder oft mit Füßen trete, werde ich irgendwann von ihm nichts mehr empfangen. Und dabei ist das Geben

112

so einfach: ein Lächeln genügt oft schon, eine Berührung, ein Lob, ein Zeichen der Anerkennung. Was macht es schon, ob ein Bild ein paar Zentimeter weiter links hängt oder nicht? Wir messen oft diesen alltäglichen Banalitäten eine zu große Bedeutung bei, anstatt daß wir uns mit uns selbst auseinandersetzen und den Konflikt als Chance begreifen, Neues über uns zu erfahren. Unsere Reaktion ist immer ein Zeichen für ein Programm in uns. Wir können es mit Farbe beatmen, wir können es loslassen, und schon sieht die Welt anders aus.

Erkennen Sie sich selbst an.

Erkennen Sie die Gaben Ihres Partners an! Empfangen Sie sie mit Freude und Glück, auch wenn sie nicht hundertprozentig dem entsprechen, wie Sie es getan hätten. Auch das Anhören des Partners ist Geben. Auch das Anerkennen seiner Bedürfnisse. Es gibt ganz unterschiedliche Arten und Weisen, wie ich im Umgang mit meinem Partner reagieren kann. Ich kann es liebevoll tun oder nicht.

Sätze wie: »Was du damit für ein Problem hast, interessiert mich nicht. Ich mache das jetzt so, wie ich das will, und du solltest das auch tun«, sind ausgesprochen lieblos und verletzend. Höre ich den anderen dagegen an und signalisiere ihm, daß ich ihn verstehe und unterstütze, auch wenn ich anderer Meinung bin, handle ich liebevoll.

Wenn ich darauf achte, daß ich mindestens einmal am Tag meinem Partner etwas gebe, sei es ein Lächeln, sei es eine Berührung, sei es ein Kuß, oder sei es eine Blume werde ich auch von ihm etwas empfangen, und

113

so kommt Freude in meine Beziehung. Es ist eine Freude, die mehr einbringt als sie kostet. Begnügen Sie sich nicht mit dem Wenigen – Freude und Glück und Liebe sind das, was Sie in Ihrer Partnerschaft wollen. Aus einer wunderschönen und liebevollen Partnerschaft ziehen beide Partner Freude und Gewinn, aus einer katastrophalen keiner von beiden. Aber wenn Sie das wollen – Freude und Glück –, müssen *Sie* etwas dafür tun, Sie müssen bei sich selbst anfangen, Tag für Tag. Nehmen Sie sich an den Händen, machen Sie die Augen zu, rennen Sie los.

Einen Maitag mit dir beisammen sein,
und selbander verloren ziehn
durch der Blüten duftqualmenden Flammenreihn
zu der Laube von weißem Jasmin.

Und von dorten hinaus in den Mailust schaun,
jeder Wunsch in der Seele so still ...
Und ein Glück sich mitten in Mailust baun,
ein großes, – das ist's, was ich will ...

Rainer Maria Rilke, »Lieben«

DAS KÖNNEN SIE TUN

**Ich bringe Freude
in meine Partnerschaft durch Kommunikation,
Verstehen und Liebe
zu mir selbst und allen anderen Menschen.**

① Machen Sie eine Liste mit dem, was Ihnen an sich selbst gefällt, was Sie an sich selbst liebenswert finden. Lesen Sie diese Liste jeden Tag, und ergänzen Sie sie, wenn Ihnen noch etwas einfällt.

② Machen Sie sich nicht abhängig von Ihrem Partner. Gewöhnen Sie sich an, auch einmal Dinge allein und aus eigenem Antrieb zu tun, und lassen Sie auch Ihren Partner einmal »seine« Dinge ohne Sie tun.

③ Hören Sie Ihren Partner an! Interpretieren Sie nie sein Verhalten, ohne daß Sie ihn angehört haben.

④ Geben Sie sich so, wie Sie sind. Ihr Partner wird Sie ohne Maske lieben! Verstecken Sie Ihre Gefühle nicht. Sprechen Sie miteinander – erzählen Sie sich Ihre Erlebnisse, als seien Sie Freunde.

⑤ Lassen Sie Ihren Partner, wie er ist, erwarten Sie nicht, daß er sich ändert. Wenn Sie erkennen, daß Sie etwas verändern wollen, fangen Sie bei sich an, ändern Sie sich oder Ihre Einstellung zu dem Problem.

⑥ Bewerten und beurteilen Sie Ihren Partner nicht, halten Sie ihm keine Vorträge, machen Sie ihm keine Vorschriften. Wenn Sie in einer Meinungsverschiedenheit das Gefühl haben, daß Ihr Partner Ihnen Energie nimmt, gehen Sie in sich, und atmen Sie, bis Sie sich besser fühlen. Reagieren Sie erst dann wieder auf Ihren Partner.

⑦ Bei allem, was Sie an Ihrem Partner ärgert, denken Sie daran, daß dies Ihr eigener Ärger über etwas in Ihnen ist. Lösen Sie diesen Ärger zuerst bei sich auf.

Achten und respektieren Sie auch, daß Ihr Partner anders ist als Sie und auf manche Probleme völlig anders reagiert.

⑧ Geben Sie Ihrem Partner jeden Tag eine Geste Ihrer Liebe, sei es ein Lächeln, eine Berührung, ein Kuß, ein Lob oder ein Geschenk. Oder sagen Sie einfach: »Ich liebe dich«, wenn Sie es fühlen.

Familie, Kinder, Erziehung

Eure Kinder sind nicht Eure Kinder
Es sind die Söhne und Töchter
von des Lebens Verlangen nach sich selber.

Kahlil Gibran

Erziehung – was für ein dummes Wort. Sehen Sie im Geiste, wie Eltern an ihren Kindern »herumziehen«, damit die Kinder so werden, wie sich die Eltern das vorstellen? Es gab Elterngenerationen, die wußten genau, was unter »Erziehung« zu verstehen war. Die hatten Konzepte – ob es die richtigen waren, mag dahingestellt bleiben. Es gab Grundsätze, wie »Kinder soll man sehen, aber nicht hören«, und jeder wußte genau, wie sich Kinder zu benehmen hatten. In den sechziger Jahren schwenkte man dann das Steuer in genau die entgegengesetzte Richtung und ließ die Kinder tun, was sie wollten, mit teilweise ganz entsetzlichen Ergebnissen. Das Eltern-Kinder-Verhältnis kehrte sich um, die antiautoritären Eltern wurden buchstäblich zu Sklaven ihrer Kinder und konnten sie auch so gut wie nirgends mehr mit hinnehmen, weil sie sich einfach unmöglich aufführten.

Tatsache ist, daß wir heute weder mit der früheren autoritären noch mit der antiautoritären Erziehung weiterkommen. Wir müssen neue Konzepte entwickeln. Mittlerweile befinden wir uns, was die Erzie-

117

hung unserer Kinder angeht, in einer Art Niemands-
land, und es hat selten so viele Klagen über angeblich
unerzogene Kinder, selten soviel Lehrerfrust gegeben. Manche Eltern sind verzweifelt und wissen nicht
mehr, was sie mit ihren Kindern tun sollen, werden
nicht mehr fertig mit ihnen, sind selbst am Ende. In
vielen Familien führen deren Mitglieder nur noch
Grabenkriege und Machtkämpfe, und die Jugendkri-
minalität ist erschreckend hoch. Die Lehrer haben
regelmäßig Angst vor dem Montagmorgen, wenn der
Unterricht wieder losgeht. Viele empfinden unsere
Kinder heute als frech, aufmüpfig, ungezogen und
laut und meinen, daß sie nicht mehr bereit sind, auf
Erwachsene Rücksicht zu nehmen. Wir geben uns alle
Mühe, glückliche zufriedene Kinder großwerden zu
lassen, und trotz all dieser Mühe, die weit über das
hinauszugehen scheint, was frühere Elterngenerationen zu leisten bereit waren, sehen wir unzufriedene,
anmaßende, gelangweilte, unglückliche und trotzige
Kinder. Das ist sowohl für Kinder sowie für Eltern eine
unbefriedigende und freudlose Situation. Was wir
dabei vergessen, ist, daß sich in unserer Gesellschaft
seit den Zeiten der autoritären Erziehung sehr viel
geändert hat, und Kinder sind schlau und sensibel
genug, um das zu spüren.
Nicht nur das Frauenbild hat sich nämlich seither
gewandelt, nicht nur das Bild vom beherrschten
zum mündigen Bürger einer Demokratie, zwangsläufig mußte sich dadurch auch unser Ansatz ändern,
wie wir unsere Kinder erziehen. Mehr Freiheit für
uns – das heißt doch zwangsläufig auch mehr Frei-

heit für unsere Kinder. Nur – Kinder brauchen Grenzen, sie müssen, genau wie wir auch, einsehen, daß die Freiheit da aufhört oder Grenzen erfährt, wo Rechte anderer berührt werden. Diese Rechte anderer beinhalten eine gewisse Ordnung, und ohne Ordnung gibt es keine Freiheit. Ich glaube, daß wir heute von einer sozialen Gleichberechtigung der Kinder ausgehen müssen. Gleichberechtigung bedeutet nicht Gleichheit! Gleichberechtigung auch für Kinder heißt, daß sie ohne Rücksicht auf ihre persönlichen Unterschiede und Fähigkeiten denselben Anspruch auf Achtung und menschliche Würde haben und nicht einfach beherrscht werden dürfen. Wir sind unseren Kindern nicht überlegen, auch wenn Generationen von Eltern das so geglaubt, gelernt und weitergegeben haben. Natürlich gibt es Bereiche, in denen mein Kind von mir und meiner Erfahrung profitieren und lernen kann, genauso aber gibt es Bereiche, in denen Kinder fähiger sind als wir und sich in vielen Situationen als die Stärkeren und Klügeren erweisen. Insofern gelten alte Elternsprüche: »Du hast zu tun, was ich sage« oder: »Solange du die Füße unter meinen Tisch stellst, tust du, was ich sage«, heute nicht mehr. Und vor allen Dingen können wir es uns nicht mehr leisten, den Kindern zu vermitteln: »Tu, was ich dir sage, nicht, wie ich es tue«, wie dies früher so oft geschehen ist. Was für die Kinder gilt, muß auch für mich gelten. Wir müssen mit unseren Kindern zu einem demokratischen Zusammenleben finden. Das Schlüsselwort dafür heißt »Partnerschaft«. So wie wir in unserer Demokratie Beschränkungen unserer Freiheit unterliegen, dort, wo Rechte anderer oder der Gemeinschaft berührt werden, und uns (meist) damit wohl fühlen, brauchen Kinder wohlabgewogene Beschränkungen, die ihnen ein Gefühl der Sicherheit vermitteln, das Wissen um den eigenen Platz in der sozialen Struktur. Dazu gehört natürlich auch, daß den Kindern Grenzen gesetzt werden, die sich dort ergeben, wo Bereiche anderer berührt werden. Auch ein Kind muß eine gewisse Ordnung respektieren, genauso wie wir. Nur – mit Herrschen und Über- und Unterordnen geht das nicht. Also nicht: »Du tust, was ich dir sage«, sondern: »Wir tun es, weil es notwendig ist.« Nicht herrschen, sondern beraten. Nicht mit Druck, sondern mit Anregung. Nicht kritisieren, sondern ermutigen. Und Sie haben im übrigen bestimmt schon längst herausgefunden, daß Kinder Nachahmer par excellence sind: Wenn wir es schaffen, ihnen vorzuleben, wo wir Prioritäten setzen, wenn wir Tag für Tag unsere Überzeugungen leben, brauchen wir uns um Kindererziehung sowieso keine großartigen Gedanken zu machen.

Bevor wir uns mit den alltäglichen kleinen Problemen mit Kindern befassen, müssen wir deshalb – wieder einmal – bei uns selbst anfangen.

Wie in dem Gedicht von Kahlil Gibran so schön ausgedrückt: »Unsere Kinder sind nicht unsere Kinder, sondern die Söhne und Töchter von des Lebens Verlangen nach sich selber.« Wir dürfen ihnen unsere Liebe geben, aber nicht unsere Gedanken. Ich glaube, eines der großen Probleme im Verhältnis Eltern–Kinder liegt hier begründet. Immer noch denken wir, unsere Kinder gehören uns, immer noch füttern wir unser eigenes Ego mit ihnen, immer noch wollen wir prächtige, wohlerzogene, angepaßte Kinder herzeigen können (»Seht her, was ich für tolle Kinder habe – so toll bin ich«), um unser eigenes Selbstbild damit aufzupolieren. Das heißt nicht, daß wir unsere Kinder nicht lieben und auch nicht, daß wir nicht stolz auf sie sein dürfen, aber wir versuchen stets, sie uns gleich zu machen, denn wenn sie ganz anders sind, fühlen wir uns dadurch in Frage gestellt. Dadurch nehmen wir aber unseren Kindern die Chance, selbständig zu wachsen. Natürlich dürfen wir ihnen unsere Erfahrungen weitergeben, aber ohne den Anspruch, daß sie sich minutiös daran halten. Unsere Kinder sind eigene kleine Persönlichkeiten, und als solche sollten wir sie achten und sie nicht aus egoistischen Gründen erdrücken.

Wissen Sie, als ich 1994 krank wurde, wollte ich anfangs meine Kinder (zwei Buben, damals drei und sieben Jahre alt) gar nicht über den Ernst der Lage aufklären. Erst nachdem ich von mehreren Seiten ermahnt worden war, daß ich ihnen ehrlich sagen müsse, was los sei, nahm ich mir ein Herz und führte dieses Gespräch. Ich tat dies auch erst, nachdem mir klargeworden war, daß ich meine Kinder nicht vor der Wahrheit bewahren wollte, um sie zu schützen, sondern um mich zu schützen – davor, daß sie sich in dieser Situation von mir abwenden würden. Wie ich mich in meiner Annahme getäuscht hatte, zeigte sich in dem Gespräch, in dem ich ihnen die Wahrheit sagte. Nicht nur distanzierten sie sich in keiner Weise, sie machten mir auch Mut, ja, ich hatte das Gefühl, als könne ich mich – mit sechsunddreißig! – an meine Söhne anlehnen, so stark und so gewachsen der Lage waren sie. Und sie hatten, was uns Erwachsenen damals samt und sonders fehlte: den Glauben, daß ich, wenn ich wollte, gesund werden konnte.

Ich glaube, das ist es, was die meisten Kinder uns voraus haben: Glauben und Intuition.

Ich traute damals mir selbst nicht, und deshalb traute ich auch meinen Kindern nicht zu, daß sie mich weiter so lieben würden, wenn sie erführen, was mit mir los war. Der Grund für diese mangelnde Ehrlichkeit lag also in meinem mangelnden Selbstwertgefühl. Und hier – deshalb habe ich diese kleine Geschichte erzählt – liegt das Problem mit fast allen Desastern, die wir mit Kindern erleben: An uns, in uns und unserem mangelnden Selbstwertgefühl. Aus diesem Gefühl heraus versuchen wir, uns unsere Kinder gleichzumachen, aus diesem Gefühl heraus kommt es zu täglichen Machtkämpfen mit ihnen, aus diesem Gefühl heraus achten wir sie nicht, weil wir uns selbst nicht achten.

Freude an und in unserer Familie, Freude mit unseren Kindern fängt deshalb in uns an.

Mich selbst achten, das heißt nämlich auch, daß ich nicht einfach allem und jedem nachgebe, was die Kinder von mir wollen, daß ich mich nicht, wie heute so viele Eltern, zum Sklaven meiner Kinder machen darf. Und wenn Sie einmal das Gefühl haben, daß Sie nicht weiter wissen mit ihrem Kind, atmen Sie ein paarmal tief ein, bevor Sie reagieren. »Kinder sind zum wertvollen Beziehungsaccessoire geworden, ein Statussymbol. Sie sind teuer, extrem empfindlich und selten«, las ich neulich in einer Glosse. In Wirklichkeit sind Kinder gar nicht besonders empfindlich. Nur weil sie so klein sind, denken wir immer, daß wir sie mit Samthandschuhen anfassen müssen. Dabei schätzen Kinder ehrliches, wenn auch manchmal härteres und konsequentes Verhalten mehr als scheinheilige Harmonie. Wir sollten also schon früh damit beginnen, sie und ihre Bedürfnisse zu achten (aber auch unsere eigenen) und ehrlich mit ihnen zu sein.

Und das fängt schon im Babyalter an.

1986 bekamen wir unseren ersten Sohn, Philip. In einem der vielen Bücher, die wir damals zum Thema bekamen, lasen wir, daß diejenigen Kinder die glücklichsten würden, deren Eltern auch nach der Geburt ihre eigenen Bedürfnisse weiter achteten und befriedigten. Dies war für uns ein sehr wichtiger Satz, den wir auch mit beiden Kindern beherzigt haben und der uns viele Selbstzweifel ersparte. Wir wollten ja auch schlagartig nicht auf das ausschließliche Elternsein, so schön das auch ist, beschränkt sein, wir wollten nach wie vor ein Liebespaar bleiben, Freunde haben, wir wollten auch weiter unser Leben haben. Haben Sie nicht auch schon oft Klagen von frischgebackenen Eltern gehört über Schlafmangel, keine Zeit mehr für Freunde, für den Partner, ständig schreiende Babies und so weiter, oder haben Sie das selbst erlebt? Haben Sie auch schon mal festgestellt, daß Ihre Freunde nur noch ein Gesprächsthema haben: ihre Kinder?

Jetzt höre ich Sie sagen, man könne doch einem Baby noch nicht klarmachen, daß man eigene Bedürfnisse habe, man könne doch ein Baby noch nicht erziehen, es verstehe doch noch gar nichts. Weit gefehlt! Sie glauben gar nicht, wieviel Babies schon verstehen und wie sehr sie schon ihren Willen durchsetzen können. Und schon die ersten Wochen mit einem Baby entscheiden darüber, wie das Verhältnis Eltern–Kind aussehen wird.

Als ich mit meinem ersten Sohn aus der Klinik nach Hause kam, war ich die zwei ersten Tage mit ihm allein, danach kam meine Mutter und half mir, da mein Mann arbeiten mußte. Die zwei Tage, die ich mit meinem Baby allein war, verbrachte ich im Wohnzimmer auf dem Sofa liegend mit Philip auf dem Bauch. Weder schlief er nachts in seiner Wiege, noch legte ich ihn tagsüber auch nur für eine kleine Weile allein zum Schlafen. Das Ergebnis war natürlich, daß ich überhaupt nichts anderes tun konnte, nicht einmal telefonieren. Als meine Mutter am dritten Tag kam und sah, was ich mit dem Baby tat, sagte sie: »Weißt du, ein Baby braucht seinen Schlaf allein genauso wie wir. Du achtest seinen Schlaf nicht. Außerdem: Willst du ab jetzt die nächsten Jahre mit deinem Kind so verbringen?« Ich sagte: »Aber Philip wird weinen, wenn ich ihn allein in die Wiege lege.« Sie antwortete: »Laß uns folgendes tun: Wir legen Philip ins Bett und verlassen sein Zimmer. Wir bleiben hinter der Tür stehen und hören, was er tut. Fängt er an zu weinen, versprich mir, eine Minute zu warten. Wenn er dann immer

124

noch weint, kannst du hineingehen und ihn wieder aufnehmen.«

Gesagt – getan. Wir legten Philip ins Bett, gingen hinaus, und er fing an zu weinen. Ich konnte es hinter der Tür kaum aushalten und zählte jede Sekunde. Als ich gerade hineingehen wollte, achtundfünfzig Sekunden, nachdem wir das Zimmer verlassen hatten, hörte er auf und schlief ein. Ich bin meiner Mutter heute noch dankbar für den damaligen Rat, denn ich war drauf und dran, mich damals zum Sklaven meines Sohnes zu machen. So aber entwickelten sich meine beiden Söhne zu zufriedenen, wunderbar schlafenden, absolut »pflegeleichten« Babies, und ich hatte das Gefühl, daß ich auch meine eigene Freiheit behalten hatte, während ich bei manchen Freundinnen erlebte, daß sie rund um die Uhr ihr Kind auf dem Arm trugen, es jede Nacht mit ins Bett nahmen, weil sie Liebe verwechselten mit »Fürsorge«; Fürsorge – was für ein schreckliches Wort: Ich bin in Sorge für jemanden.

Ich glaube, daß ich meinem Kind am besten meine Liebe geben kann, wenn ich es als Persönlichkeit achte, und das heißt auch und vor allem, daß ich das Kind seine eigenen Erfahrungen machen lasse, daß ich nicht alles für das Kind tue, sondern es das, was es allein tun kann, auch allein tun lasse.

Meine Freundin erzählte mir neulich, sie habe an ihrem Geburtstag ihre Freunde zum Abendessen eingeladen. Zwei Paare hatten ein Kind mitgebracht, eines ca. zwei Jahre alt, eines gerade geboren. Das dritte Paar hatte wie meine Freundin noch keine Kinder. Während des folgenden – festlich gedachten – Essens standen entweder der Vater oder die Mutter der Zweijährigen immer wieder auf, um hinter ihr herzulaufen und zu schauen, was sie machte.

Die Mutter des Neugeborenen saß gar nicht am Tisch, sondern setzte sich über zwei Stunden auf das Sofa und stillte ihr Baby. Dann lief das zweijährige Kind ins Badezimmer, wo ein Kasten Bier in der Badewanne gestanden hatte und deshalb ca. zehn Zentimeter Wasser in der Wanne stand. Das Kind planschte in dieser Pfütze herum. Der Vater stellte sich daneben und schaute zu. Meine Freundin sagte zu ihm, er solle doch wieder an den Tisch kommen, denn dort im Badezimmer könne es sich doch nirgends verletzen und auch nichts kaputtmachen. Der Vater sah sie an und sagte, er sei sich der Verantwortung gegenüber seinem Kind sehr wohl bewußt, und blieb, worauf meine Freundin wieder an den Tisch zurückkehrte.

Am Tisch saßen also nur meine Freundin und ihr Mann und das andere Paar, das noch keine Kinder hatte. Die Mutter mit dem Neugeborenen und deren Mann saßen auf dem Sofa, wo das Baby nach zwei Stunden Stillen gerade alles wieder von sich gegeben hatte. Worauf sie sagte: »Wir können nicht mehr hierbleiben, wir müssen sofort nach Hause fahren, um dem Baby ein Fläschchen zu machen.« Was für ein Geburtstagsessen! Weder werden hier die Bedürfnisse der Kinder auf eigenständiges und selbständiges Verhalten geachtet noch auch nur im entferntesten die Bedürfnisse der Gastgeberin, von den

Eltern der Kinder, die ihre eigenen Bedürfnisse mißachten, ganz zu schweigen. Gerade ein zweijähriges Kind muß die Gelegenheit haben, ungestört seine Umgebung zu erforschen. Wenn von den Eltern das Terrain sondiert worden ist und keine Verletzungsgefahr besteht, sollte man es selbständig auf Abenteuerjagd ziehen lassen. So ermutige ich mein Kind und zeige ihm schon früh: »Ich traue dir. Du kannst das allein. Wenn nicht, bin ich da.« Ich glaube, ich kann meinem Kind keinen größeren Vertrauensbeweis in diesem zarten Alter geben.

Und jeder Kinderarzt wird Ihnen sagen können, daß ein Baby nicht zwei Stunden gestillt werden darf und daß, wenn alles wiederkommt, auf keinen Fall ein Fläschchen gefüttert werden soll, weil so sowohl der Stillrhythmus und das Stillvolumen der Mutter als auch der Essensrhythmus des Babys durcheinandergeraten. Auch hier werden die Bedürfnisse des Babys aus Angst nicht geachtet. Wie Sie an diesem Beispiel schön sehen, zieht die Mißachtung der Bedürfnisse des Kindes die Mißachtung der Bedürfnisse der Erwachsenen mit sich: Niemand kommt zu einem gemütlichen Essen, es versickert jede Unterhaltung, und am Ende hat jeder das Gefühl, seine Zeit verschwendet zu haben. Ich kann mir nicht vorstellen, daß auf diese Weise Freude in die Familie einzieht.

Ich glaube, wenn ich den Grundsatz verinnerlicht habe, daß mit der Ankunft eines Kindes nicht unbedingt das Ende der Erfüllung meiner eigenen Bedürfnisse gekommen ist, kann ich mich leichten Herzens an die Aufgabe wagen, mit meinen Kinder zu *leben,* und zwar so, daß es allen Freude macht.

Hierfür sind zwei Grundsätze wesentlich: Daß ich mich selbst achte und daß ich mein Kind achte.

Genauso wichtig ist jedoch auch, daß ich mein Kind ermutige. Rudolf Dreikurs und Vicki Soltz sagen in ihrem großartigen Buch »Kinder fordern uns heraus« ganz richtig, daß Ermutigung das wichtigste Element in der Erziehung von Kindern überhaupt sei, so wichtig, daß ihr Fehlen als der hauptsächliche Grund für ein falsches Verhalten betrachtet werden könne, denn ein ungezogenes Kind sei fast immer ein entmutigtes Kind. Jedes Kind braucht fortgesetzt Ermutigung, wie eine Pflanze Wasser braucht.

Entmutigung füttert uns mit Energie auf Kosten unserer Kinder. Wenn wir unserem Kind signalisieren: »Du kannst das nicht allein, ich kann das besser als du, ich werde es für dich tun«, stellen wir uns als vollkommen fähig dar und zeigen unserem Kind gleichzeitig, wie unfähig, klein und dumm es noch ist. Und trotzdem bewahren sich unsere Kinder angesichts dieser täglichen Entmutigungen den Mut, es noch einmal zu versuchen – der kindliche Mut und das Durchhaltevermögen sind so bewundernswert! Ich glaube nicht, daß wir Erwachsenen in gleicher Situation soviel Mut aufbringen würden.

Oft ist uns gar nicht bewußt, wie schnell und gründlich wir ein Kind entmutigen. Ich habe meinem kleineren Sohn Lucas beispielsweise einmal, als er beim Tischabräumen mithelfen wollte, gesagt: »Laß den Philip das Porzellan abräumen, und nimm du das Besteck und die Sachen, die beim Herunterfallen nicht zerbrechen können.« Ist das nicht verrückt? Ein Teller Porzellan war mir wichtiger als das Selbstbewußtsein meines Kindes! Und dieser Satz hatte auch sofort eine entmutigende Wirkung. Beim nächsten Tischabräumen sagte er: »Ich kann das Porzellan nicht tragen, es wird zerbrechen!« Es kostete mich viel Mühe, diesen Glauben, daß er es nicht tun kann, wieder aus der Welt zu schaffen.

Mein Mann hatte immer schon die Philosophie, daß man nichts für ein Kind tun dürfe, das es selbst tun kann. Für ein Kind etwas tun, was es selbst tun könnte, ist außerordentlich entmutigend, da es dadurch der Gelegenheit beraubt wird, seine eigene Stärke zu erleben. Und das alles nur, um unsere Vorstellung der eigenen Unentbehrlichkeit aufrechtzuerhalten.

Sie müssen sich klarmachen, daß das Ermutigen Ihres Kindes für Sie am Anfang nicht einfach sein wird, weil Ihr Kind alles sehr viel langsamer erledigen wird als Sie, so daß Sie versucht sein werden, es selbst zu tun. Das kostet Geduld, Kraft und Nerven. Diese Phase kann ich nur dann durchstehen, wenn ich mir klarmache, wie wichtig es ist, mein Kind nicht zu entmutigen, und mir immer wieder verdeutliche, wieviel einfacher und schneller diese Sache in der Zukunft gehen wird, wenn ich mir diese Mühe einmal gemacht habe. Und wieviel mein Kind innerlich wachsen wird in dem Bewußtsein, daß es etwas allein tun kann.

Ich will Ihnen noch ein weiteres Beispiel geben, um Ermutigung zu verdeutlichen. Unser Sohn Philip war vier Jahre alt, als wir gemeinsam einen Urlaub in Italien verbrachten. Unser Hotel in einer Clubanlage war etwa einen Kilometer vom Strand entfernt. Vom Hotel konnte man zu Fuß dorthin gehen oder eine kleine Bimmelbahn nehmen. Unser Bungalow lag in einer labyrinthähnlichen Anlage, in der man die einzelnen Bungalows nur durch Farben auseinanderhalten konnte, wenn man wie Philip noch keine Zahlen lesen konnte.

Ich lag am Strand und mein Mann war noch mit Philip im Zimmer. Irgendwann wollte er zum Sport und schickte Philip zu mir an den Strand – allein! Als er nach ich weiß nicht wie langer Zeit dort ankam, war ich so schockiert, daß mein Mann ihn allein hatte gehen lassen, daß ich vollkommen übersah, wie stolz Philip war, daß er den Weg allein gefunden hatte. Selbst ich hatte mich schon etliche Male in dieser Bungalowanlage verlaufen, und er hatte auf Anhieb den Weg gefunden. Mein Mann hatte soviel Vertrauen in ihn gesetzt, daß er ihn allein losschickte. So sehr mich solche Maßnahmen meines Mannes oft schockiert haben, so sehr glaube ich heute, daß dies das einzig richtige ist, denn unsere Kinder sind heute mit ihren sieben und elf Jahren schon sehr selbständig und trauen sich eine Menge zu. Außerdem weiß ich heute, daß der beste Schutz, den ich meinen Kindern vor den täglichen Gefahren geben kann, ist, daß ich sie nicht dauernd zu beschützen versuche. Und denken Sie daran: Ein verletztes Knie wird wieder heil, wenn Ihr Kind einmal fällt, verletzter Mut kann sich ein Leben lang auswirken.

Auch ist es mir heute nicht mehr wichtig, ob mein Verhalten als Mutter in den Augen anderer Eltern Anerkennung findet oder nicht. Meine Söhne stehen beispielsweise morgens auch allein auf, machen sich Frühstück und kommen immer pünktlich zur Schule, auch ohne daß ich jeden Tag aufstehe. Sie sind sehr stolz, daß sie das allein schaffen, und ich bin es auch.

Ein weiterer Punkt, den ich für sehr wichtig halte, ist, daß ich Belohnung und Bestrafung vermeiden sollte. Weder Bestrafung noch Belohnung sind ein effektives Erziehungsmittel. Ein Kind wird durch eine Bestrafung nicht daran gehindert, ein unerwünschtes Verhalten abzustellen, und durch eine Belohnung vielleicht einmalig, aber niemals dauerhaft.

Außerdem zeigen wir mit Bestrafungen, speziell mit Schlägen, dem Kind nur unsere Ohnmacht, daß wir darin das einzig probate Mittel zur Lösung eines Problems sehen. Und wenn wir uns aufs Belohnen verlegen, wird das Kind bald nichts mehr ohne Belohnung tun wollen. Unsere Kinder sind Teil unserer sozialen Gemeinschaft und müssen deshalb genauso wie wir zu deren Funktionieren beitragen. Welche Mutter bekommt schon jeden Tag eine Belohnung für all das, was sie tut? Aber was tun, wenn Bestrafung und Belohnung keine wirksamen Mittel mehr sind?

Rudolf Dreikurs und Vicki Soltz propagieren in ihrem Buch, natürliche und logische Folgen eintreten zu lassen. Was passiert, wenn Sie an Ihrem Auto kein Benzin nachfüllen? Es bleibt irgendwann stehen, und Sie müssen zu Fuß gehen. Das ist die natürliche Folge Ihres Tuns. Genauso muß für unsere Kinder auf ihr Verhalten hin eine natürliche oder logische Folge eintreten. Mein Sohn Lucas etwa geht morgens sehr oft ohne Jacke aus dem Haus; er sagt, er friere nicht. Anfang November, als es schon empfindlich kalt war, wollte er immer noch im Hemd, ohne Pullover und ohne Jacke in die Schule gehen. Zweimal hatte ich ihm aus lauter Sorge, er könne sich erkälten, die Jacke schon in die Schule gebracht. Nun wurde mir klar, daß wir dieses Spielchen den ganzen Winter über spielen würden, wenn ich bei mir nicht etwas änderte. Was aber ist die natürliche Folge, wenn ich meine Jacke im Winter vergesse? Ich friere. Ich mußte mich den ganzen Vormittag zwingen, nicht zur Schule zu fahren und die Jacke abzuliefern. Daß Lucas gefroren hatte, zeigte sich prompt am nächsten Morgen, als er ohne ein Wort von mir seine Daunenjacke aus der Garderobe nahm und sie anzog. Nicht einmal hat er seitdem seine Jacke vergessen, weil er die Folge seines Tuns direkt erfahren hat.

So wie mit meinem Beispiel mit der Jacke ließen sich viele Situationen denken, in denen ich mit der Anwendung natürlicher oder logischer Folgen weit mehr Erfolg habe, als mit jeder Bestrafung oder Belohnung. Nicht gemachte Hausaufgaben sollten beispielsweise statt Ärger in der Familie als logische Folge einen Rüffel durch den Lehrer ergeben, die Folge also dort eintreten, wo das Problem entsteht. Die Folge davon, daß das Kind bei Tisch nicht ißt, sollte sein, daß es bis zur nächsten Mahlzeit Hunger hat, nur so wird es sich an die regelmäßigen Essenszeiten gewöhnen und aus dem Essen kein Spiel machen. Eine logische Folge ist nie eine Bestrafung, sondern folgt immer direkt auf das Verhalten Ihres Kindes. Deshalb werden dadurch auch Machtkämpfe vermieden, weil ich in Ruhe abwarten kann, was das Kind als Folge seines Handelns selbst erlebt. Das gilt natürlich nicht für Situationen, in denen das Kind in objektive Gefahrensituationen geraten könnte, wie beispielsweise im Straßenverkehr.

Ansonsten vermeide ich auf diese Weise jedoch Streßsituationen mit meinem Kind, ich kann für Ordnung sorgen und Grenzen setzen, ohne daß ich mein Kind zu beherrschen suche, vielmehr erkenne ich es als Persönlichkeit an. Mein Kind wird dadurch mehr Freude an seinen eigenen Leistungen und Fähigkeiten haben, und ich habe weniger Ärger und mehr Freiheit – und natürlich auch mehr Freude. Und glauben Sie nicht auch, daß Eltern und Kinder mehr Freude aneinander haben werden, wenn sie partnerschaftlich miteinander umgehen ohne Machtdenken und ohne die Projektion von Elternzielen in das Kind? Nur auf dieser Basis können Familienstreitigkeiten vermieden werden. Nur so achte ich mein Kind. Dies beginnt schon bei kleinen potentiellen Streitereien. Früher haben wir uns in der Familie immer gestritten, wenn unsere Kinder etwas haben wollten, sei es im Urlaub, sei es auf der Kirmes oder dem Oktoberfest, immer gab es lästige Auseinandersetzungen über das »Darf-ich-das« oder »Ich-möchte-dies«. Heute haben wir sogenannte »Budgets«: In

133

jedem Urlaub wird beispielsweise mit den Kindern vorher überlegt, wieviel Geld sie brauchen bzw. haben möchten, in unserem dreiwöchigen Sommerurlaub in Amerika etwa waren es einhundertfünfzig Dollar pro Kind. Davon mußten die Kinder alles außer Transport, Essen und Unterkunft bezahlen. Sie glauben gar nicht, wie gut Kinder Geld verwalten können, wenn es ihr eigenes ist, und wieviel Spaß es ihnen macht. Man vermeidet lästige Diskussionen, und das Kind fühlt sich in seiner Eigenständigkeit geachtet. Es ist dann allerdings auch wichtig, fest und konsequent zu bleiben, wenn das Geld zur Neige geht, und keine Ausnahme zu machen. Als Lucas zum Beispiel sein Geld verbraucht hatte, wollte er im Supermarkt eine Süßigkeit haben und legte sie auf das Band. Die Kassiererin hatte dies gerade mit den anderen Lebensmitteln eingetippt, als mein Mann sagte: »Halt. Sie müssen das wieder stornieren. Das hat mein Sohn auf das Band gelegt« – »Wieso?« fragte sie, »mag Ihr Sohn das nicht?« – »Doch«, sagte mein Mann, »aber er will es nicht bezahlen.«

Ich konnte sehen, daß die Frau dachte: »Was für grausame Eltern, die ihrem kleinen Kind nicht einmal eine kleine Süßigkeit gönnen.« Dies war jedoch lediglich die Folge der Budgets, die wir mit den Kindern gemacht hatten, und deren Einhaltung.

Sehr wichtig finde ich auch, bei Kindern auf Kritik zu verzichten und Fehler zu verkleinern, um sie nicht zu entmutigen. So wie wir den Mut haben müssen, unvollkommen zu sein, müssen wir das auch unseren Kindern erlauben. Es ist viel weniger wichtig, was für einen Fehler man gemacht hat, als was man danach unternimmt, was man daraus lernt. Machen wir uns und unserem Kind klar, daß nur sein Tun manchmal fehlerhaft und nicht es selbst schlecht ist, spürt das Kind unser Vertrauen zu ihm. Und noch etwas: Wenn Sie einen Fehler gemacht haben, der das Kind betrifft, entschuldigen Sie sich bei ihm. Sie vergeben sich nichts dabei, und Ihr Kind fühlt sich geachtet.

Ein weiterer wichtiger Punkt ist, daß ich meinem Kind zuhören muß. Wie wunderbar sind doch unsere Kinder, daß sie immer wieder unser Gehör suchen, obwohl wir sie so oft ignorieren. Ich muß mir Zeit für mein Kind nehmen und mir anhören, was es zu sagen hat.

Und ich muß konsequent handeln, nicht nur reden. Kennen Sie das auch: Zum fünftenmal sagen Sie jetzt schon Ihrem Kind, es solle zum Essen kommen. Und – kommt es? Natürlich nicht. Meine Kinder kommen erst, seit sie wissen, daß es kein Essen nach dem Abräumen des Tisches mehr gibt. Wir sollten nicht alles fünfmal sagen, wir sollten handeln. Worte sind dabei geduldig, Kinder reagieren nur auf Handlungen. Und sie sind viel konsequenter und haben ein viel größeres Durchhaltevermögen als wir Erwachsenen. Manchmal kommt es mir vor, als hätten Kinder keine Nerven. In einer Glosse in der »Süddeutschen Zeitung« las ich letzte Woche folgendes: »In jedem Kind steckt ein supertüchtiger Versicherungsvertreter. Kinder versuchen, ihre Interessen rücksichtslos durchzusetzen, und wenn die ganze Welt dabei kaputtgeht. Was sage ich: Vertreter? In jedem Kind steckt ein kleiner Saddam Hussein. Und ich bin General Schwarzkopf, ich stelle mich ihnen in den Weg.« Auch wenn dies natürlich maßlos überzeichnet ist, es stimmt, daß Kinder Grenzen brauchen, weil sie sonst wirklich versuchen, allein ihre Interessen durchzusetzen.

Grenzen setzen wir unseren Kindern nur dann, wenn wir Worte durch Handeln ersetzen. Wir sollten den Leitspruch annehmen: Zur Zeit des Konflikts halte deinen Mund und handle.

Als ich einmal im Sommer im Garten arbeitete, spielten meine Söhne mit ihren Wasserpistolen. Natürlich hatten sie auch mich im Visier. Nachdem ich ihnen dreimal gesagt hatte, daß sie damit aufhören sollten, nahm ich ihnen die Pistolen weg, jedenfalls für diesen Nachmittag. Ich glaube, sonst hätten sie mich immer weiter naßgespritzt. Ich mußte handeln, nicht reden.

Leben mit Kindern ist eine Aufgabe ohne Ende, aber eine sehr schöne. Und Fehler im Umgang mit unseren Kindern machen wir alle – jeden Tag. Es ist jedoch völlig unnötig und auch schädlich, sich dafür immer wieder den erhobenen Zeigefinger zu zeigen. Statt dessen sollten wir locker bleiben und Fehler als Lernerfahrung begreifen. Die Fehler sind Geschichte – was wir daraus lernen, ist wichtig. Und genau so, wie Sie sich selbst erlauben sollten, Fehler zu machen, sollten Sie auch Ihren Kindern erlauben, zu straucheln und zu stürzen. Ein weiser Mensch gebrauchte einmal den Vergleich, daß gute Eltern wie ein Flugzeugträger sind. Ein Flugzeugträger ist immer da für die Flugzeuge. Er ist da, solange sie auf seiner Plattform stehen. Er ist da, wenn sie sich in die Lüfte erheben, und er wird da sein, wenn sie zurückkehren sollten. Immer, wenn sie abfliegen wollen, wird er Starthilfe geben und dafür sorgen, daß sie aufgetankt sind. Er hält sie jedoch nie zurück, wenn sie sich in die Lüfte erheben wollen. Darauf können sich die Flugzeuge verlassen.

Mit Kindern zu leben, Tag für Tag, macht Freude. Vor allem, wenn wir zunächst vor unserer eigenen Tür kehren und Kinder als Partner akzeptieren. Ein wunderbares Instrument hierfür ist eine Einrichtung, der auch wir uns in unserer Familie manchmal bedienen: der Familienrat. Wir setzen uns um einen Tisch, und jeder kann seine Ansichten zum besten geben.

Die Kinder sollen das Gefühl bekommen, daß ihre Meinung gehört, geachtet und genauso gewichtet wird wie die der Erwachsenen, wie in einer richtigen Demokratie. Meist können durch diese Achtung der Kinder schon viele potentielle Streitpunkte aus der Welt geschafft werden, denn wenn sie das Gefühl haben, mitreden zu können, kommen sie meist ganz allein auf eine gangbare Lösung.

Wenn wir uns diese wenigen, oben beschriebenen Grundsätze zu Herzen nehmen und unsere »Erziehung« als Partnerschaft begreifen, statt über unsere Kinder zu herrschen, kann Freude wieder Einzug halten in unseren Familien. Die Erwachsenen werden sich freier fühlen und sich bewußt werden, daß sie auch noch ein eigenes Leben haben, und die Kinder werden sich ihrer Grenzen und aber auch ihrer eigenen Stärke bewußter werden.

Natürlich braucht es eine gewisse Zeit, bis wir uns an

137

die Idee gewöhnen können, daß unsere Kinder unsere Partner sind, aber es lohnt sich! Kahlil Gibran sagt: »Das Leben läuft nicht rückwärts, noch verweilt es beim Gestern.« Unsere Kinder sind die Zukunft, nicht wir. Sie sind es, die unsere Botschaften weitertragen werden. Machen wir uns und sie bereit dafür.

Das können SIE tun

**Ich bringe Freude in meine Beziehung
zu meinen Kindern durch Toleranz und Offenheit,
durch Partnerschaft und Konsequenz.**

① Achten Sie sich und Ihr Kind. Geben Sie nicht jeder Forderung Ihres Kindes nach, sondern denken Sie auch an Ihre eigenen Bedürfnisse. Achtung vor Ihrem Kind heißt auch, eine gewisse Ordnung und Grenzen als Maßstab zu setzen, in denen sich Ihre eigenen Bedürfnisse widerspiegeln. Wenn Sie einen Fehler gemacht haben, entschuldigen Sie sich bei Ihrem Kind.

② Wenn Sie sich über Ihr Kind ärgern, atmen Sie ein paarmal tief ein, bevor Sie reagieren.

③ Ermutigen Sie Ihr Kind immer wieder, indem Sie nur ausnahmsweise etwas tun, was es selbst tun kann.

④ Bestrafen und belohnen Sie Ihr Kind nicht (vor allem: schlagen Sie es nicht). Lassen Sie vielmehr Ihr Kind die Folgen seines Tuns selbst erleben, oder führen Sie ihm deren logische Folgen vor Augen.

⑤ Verzichten Sie auf übermäßige Kritik, und verkleinern Sie die Fehler Ihres Kindes, um es nicht zu entmutigen. Hören Sie Ihr Kind an!

⑥ Bitten Sie um Dinge, die Sie von Ihrem Kind fordern, nicht fünfmal. Handeln Sie statt dessen. Seien Sie konsequent in Ihrem Handeln.

⑦ Besprechen Sie einmal im Monat anstehende Probleme in einem Familienrat, und lassen Sie die Kinder Vorschläge zur Lösung machen.

Körpergefühl, Ernährung

Ich habe gerochen alle Gerüche
In dieser holden Erdenküche;
Was man genießen kann in der Welt,
Das hab ich genossen wie je ein Held!

Heinrich Heine

Wenden wir uns jetzt der Freude zu, die ich in und an meinem Körper finden kann.
Fühlen Sie sich wohl in Ihrem Körper? Fühlen Sie sich eins mit ihm?
Zu viele Menschen, besonders Frauen, fühlen sich nicht wohl in ihrem Körper. Statt auf die innere Stimme und das eigene Körpergefühl zu hören, laufen sie den Empfehlungen dutzender Ernährungsspezialisten und dem jeweiligen Modediktat hinterher, das im Moment hohlwangige spindeldürre Frauen vorschreibt mit dunklen Augenrändern, die aussehen wie Heroinsüchtige. Klar ist, das dies mit bewußter und genußvoller Ernährung nicht mehr viel zu tun hat.
Unser Körper ist unser materialisiertes Ich. »Du bist, was du ißt, du ißt, was du bist.« Das sagt meine Therapeutin immer, und sie hat recht. Wir schaffen uns unseren eigenen Körper selbst, er ist, wie wir ihn haben wollen. Sind wir dick, wollen wir ihn so, sind wir dünn, ist auch dies unser Wille.
Daß ein direkter Zusammenhang zwischen Körper und Geist und Seele besteht, wußten schon die alten

Römer. Was haben wir noch in der Schule in Latein gelernt? »Mens sana in corpore sano« – ein gesunder Geist wohnt in einem gesunden Körper.

Unser Geist und unser Körper funktionieren normalerweise in harmonischem Zusammenspiel. Das können wir heute noch an Tieren beobachten; sie kennen weder Empfehlungen von Diätkommissionen, noch haben sie Ernährungsinformationen über Cholesterin, Fettsäuren und Kohlehydrate. Trotzdem ernähren sie sich richtig, besser als wir, die wir all diese Informationen zur Verfügung haben. Eßstörungen – davon haben Sie bestimmt bei Tieren noch nie gehört. Tiere empfangen innere Signale, die ihnen sagen, was, wann und wie sie essen sollen, sie hören noch auf ihren Körper, der ihnen durch Hunger und Sattsein Anhaltspunkte gibt. Auch wir empfangen diese Signale – unsere Aufmerksamkeit ist nur so sehr auf andere Dinge gerichtet, daß wir sie entweder überhören oder ignorieren. Dabei sind diese inneren Signale weit intelligenter als jede Empfehlung, als jede Ernährungsinformation, weil die innere Intelligenz Ihres Körpers auf dem Wissen um seine Einzigartigkeit, um seine spezifischen Bedürfnisse beruht. Wer kann besser wissen, was Ihr Körper an Nahrung braucht, als Ihr Körper selbst?

Wieder einmal also ist es die Kommunikation mit mir und meinem Körper, die mich zu bewußter Ernährung führen kann. Kommunikation mit meinem Körper – das heißt in punkto Ernährung, daß ich bei jedem Nahrungsmittel, das ich esse, meinen Körper fragen sollte: »Willst du das?«

Sie werden sehen, daß Sie eindeutige Signale empfangen werden, seien es angenehme, die Ihnen signalisieren, daß dieses oder jenes Nahrungsmittel gut für Sie ist, seien es unangenehme Signale, die Ihnen bedeuten, daß das, was Sie vorhaben zu essen, jetzt oder überhaupt nicht gesund für Sie ist.

Mein Mann hat diese Kommunikation mit seinem Körper einmal mit einer Zigarre, die er rauchen wollte, ausprobiert (ich gebe zu, es ist ein extremes Beispiel). Er hielt die Zigarre in der Hand und war im Begriff, sie anzuzünden, als er seinen Körper fragte, ob er diese Zigarre haben wolle. Die Antwort, die er erhielt, war eindeutig und so erfüllt mit Zigarrenqualm, daß eine Mißinterpretation nicht möglich war: Diese Zigarre wollte sein Körper nicht.

Aber auch bei weniger extremen Entscheidungen empfange ich Signale meines Körpers und sollte mich dann danach richten. So wird mir bei allem, was ich esse, bewußt, was ich meinem Körper zuführe: Das ist bewußte Ernährung.

Wir leben heute in einer Fast- und Junkfood-Epoche. Der Slogan »Zeit und Arbeit sparen« hat mittlerweile auch in unsere täglichen Essensgewohnheiten Einzug gehalten. Ich nehme mich hierbei gar nicht aus: Auch ich erliege der Versuchung, einer Tütensuppe den Vorzug vor einer frisch gekochten zu geben, wenn ich denke, die Zeit wird knapp. Dabei ist auch das eine Illusion: Die Zeit wird nicht knapp – ich kann mich so organisieren, daß ich etwas Vernünftiges essen kann. Meiner Ansicht nach ist der potentielle Schaden, den ich mit all diesen Fertigprodukten in meinem Körper anrichte, bedeutend größer als die scheinbare Mühe, die ich mir mit dem Organisieren meiner Mahlzeiten machen muß.

All diese Fertiggerichte haben einiges gemeinsam: Keines schmeckt von ihnen richtig gut, und außerdem haben diese Nahrungsmittel nicht einmal mehr ein Fünkchen Energie. Die ist während des langen Herstellungsprozesses mit Konservierungsmitteln und Gefriertrocknen, mit Vakuumverpackung und chemischen Zusätzen weitgehend verlorengegangen, obwohl sich die Hersteller sicher bemühen, die Inhaltsstoffe so weit wie möglich zu erhalten.

Uns geht es beim Essen eines solchen Gerichts lediglich darum, das augenblickliche Hungergefühl zu befriedigen. Weder machen diese Produkte Lust auf mehr, noch machen sie überhaupt Lust. Das, was am Essen so schön ist, die Lust- und Genießerkomponente, ist hier nicht mehr vorhanden.

Ich glaube, daß viele unserer heutigen Zivilisationskrankheiten auch mit dieser unbewußten und falschen Ernährung zu tun haben. Dies läßt sich eindrucksvoll dadurch belegen, daß in Gebieten, wo die Menschen noch von überwiegend frischen Produkten leben, die entsprechenden Krankheitsraten bedeutend niedriger liegen.

Jedesmal, wenn ich im Urlaub in den Staaten war, wunderte ich mich über einen scheinbaren großen Widerspruch: In keinem Land der Erde werden die Lebensmittel so bearbeitet und kontrolliert wie dort. Fast alle Nahrungsmittel sind kalorienreduziert und vor allem fettreduziert, um den Cholesterinspiegel der Menschen im Zaum zu halten. Alles Eßbare ist entwe-

144

der »light« oder »fatfree«. Auf der anderen Seite wartet gerade Amerika mit einem unglaublich hohen Anteil an unglaublich dicken Menschen auf. Woher kommt dieser Widerspruch? Und warum sind ausgerechnet in Frankreich, wo immer so gut und reichlich, mit mehrgängigen Menüs und Wein gegessen wird, die Leute fast alle schlank?

Ich glaube, daß der Grund für diesen scheinbaren Widerspruch in der Energie liegt, die den Nahrungsmitteln innewohnt. Essen, das ich frisch zubereite, mit frischen Zutaten, schmeckt erstens ganz anders als Essen, in dem chemisch »herumgepfuscht« wurde, und führt mir schon allein dadurch mehr Energie zu, und zweitens hat sich ja die Natur mit ihren Nahrungsmitteln etwas gedacht. Deren Zusammensetzung ist ja nicht umsonst so, wie sie ist. Entferne ich nun bei einem Nahrungsmittel einen Bestandteil wie Fett oder Sodium oder Zucker, so entferne ich nicht nur dies, ich ändere damit auch den Plan der Natur und damit die Energie, die das Nahrungsmittel hat. Mir werden dadurch viel mehr Stoffe zugeführt, die die Natur so für meinen Körper nicht vorgesehen hat und die er meiner Ansicht nach auch viel schlechter verarbeiten kann. Wenn er sie aber schlechter verarbeiten kann, dann verfehlen diese bearbeiteten Lebensmittel ihr erklärtes Ziel (der Gewichtsreduzierung) nicht nur vollständig, sie bewirken eher das Gegenteil.

Wenn ich mit dem Auto unterwegs bin, esse ich öfter einmal einen Hamburger, auch weil meine Kinder dies so gern tun. Ich kann auch behaupten, daß er mir, da ich ihn sehr selten esse, relativ gut schmeckt. Hinterher fühle ich mich jedoch jedesmal vollgestopft, übersatt und schwer. Selten geht mir das mit einem anderen Essen so, selbst wenn es bedeutend reichhaltiger ist. Das heißt, daß die Zusammensetzung dieser Hamburger nicht den Bedürfnissen meines Körpers entspricht.

In diesen Fastfood-Ketten werden zum Essen meist eiskaltes Cola oder ähnliche Getränke, meist auch noch mit Eiswürfeln, angeboten und getrunken. Um Nahrungsmittel zu »verbrennen« und sie so ihrer Verwertung zuzuführen, kann dies jedoch nicht das richtige sein. Mit eiskalten Getränken zum Essen »lösche« ich das Verdauungsfeuer und verhindere dadurch eine gute Verwertung der Nahrung. Ich sollte deshalb keine solchen zu mir nehmen, vor allem nicht beim Essen.

Gesund ist es vielmehr, heißes Wasser zu trinken, pures heißes Wasser, vielleicht mit einem Spritzer Zitronensaft. In Frankreich scheint dies ein neuer Trend zu werden, wie mir Freunde erzählten. Bei einem Vortrag sagte Deepak Chopra, daß er allen Patienten, mit denen er arbeite, als erstes verordne, daß sie mehrmals am Tag eine Tasse heißes Wasser trinken müßten. Heißes Wasser unterstützt nämlich die Verbrennung der Nahrungsmittel und bringt nicht, wie kalte Getränke, das Verdauungsfeuer zum Erlöschen. Ich trinke jeden Morgen und jeden Abend eine Tasse heißes Wasser und vermeide eiskalte Getränke, vor allem beim Essen.

Grundsätzlich ist alles, was ich naturbelassen zu mir nehme, besser in seinem Wirkungsgrad als behandelte oder bearbeitete Lebensmittel. Dies gilt auch für

Vitamine. Synthetisch hergestellte Vitamine sind weit weniger effektiv als natürlich dem Körper zugeführte Vitamine, die ich mit der frischen Nahrung aufnehme.

Ich finde den Gedanken auch ganz logisch, daß eine lebendige Pflanze, die in freier Natur gewachsen ist, mehr wirksame Vitamine und Energie enthält als Vitaminkapseln, die im Labor künstlich hergestellt wurden.

Meines Erachtens beinhaltet bewußte Ernährung deshalb auch, daß ich mich soviel wie irgend möglich mit frischen und naturbelassenen Lebensmitteln ernähre. Also besser ein Tomatenbrot als eine Dosensuppe, besser ein Salat als ein Hamburger, besser frisch ausgepreßten Orangensaft als eine Vitamin-Brausetablette, besser Vollkornbrot als Toastbrotscheiben.

Leider gibt es heute schon zu viele frische Nahrungsmittel, die mit irgendwelchen Chemikalien behandelt wurden, um sie haltbarer zu machen und die Pflanzen gegebenenfalls schneller wachsen zu lassen und Schädlinge abzuhalten. Pflanzen werden gespritzt, Tieren werden Antibiotika und Hormone verabreicht, damit sie weniger krank werden und schneller schlachtbereit sind. Ich fand es total schockierend, als ich kürzlich in der Zeitung las, daß die Weltgesundheitsorganisation WHO ein Verbot von Antibiotikafütterung bei Tieren in Erwägung ziehe, da sie vermute, daß die wachsende Resistenz, die Menschen bei Infektionskrankheiten gegen Antibiotika zeigen, zum Teil dadurch bedingt ist, daß wir täglich mit dem Fleisch winzige Mengen Antibiotika verabreicht bekommen. Wenn wir diesen Gedanken weiterspinnen, stellt sich die Frage, was wir dann überhaupt noch essen können.

Wie in allen anderen Bereichen ist auch beim Essen wichtig, daß ich mir meine eigene Verantwortung bewußt mache. Ich wähle meine Lebensmittel, ich bestimme, was ich meinem Körper zumute. Ich bin verantwortlich für die wundervollen, genußreichen Geschenke, die ich meinem Körper täglich durch das Essen machen kann. Ich bestimme die Qualität der Lebensmittel und somit die Energie, die ich von außen tanke. Also versuche ich auf meine Weise zu reagieren, indem ich so viele Produkte wie möglich bei meinem Bauern in der Nähe kaufe, der seine Tiere nur auf der Weide grasen läßt. Das Fleisch schmeckt ganz anders als das, was ich früher im Supermarkt gekauft habe. Ich erinnere mich an meine Kindheit, als ich jedesmal, wenn ich bei meiner Großmutter war, frische Karotten aus ihrem Garten aß, roh, direkt aus der Erde gezogen, manchmal, wenn es meine Großmutter nicht sah, nicht einmal gewaschen. Nie wieder haben mir rohe Karotten so gut geschmeckt wie damals.

Gerade in den letzten Jahren hat sich jedoch im Bereich unserer Ernährung viel verändert. Immer mehr Menschen kaufen bewußter ein, und mit dem Bewußtsein verändert sich auch die Qualität. Letztlich bestimmen wir als Verbraucher, was gekauft wird.

Nicht umsonst hatten die Holländer jahrelang so große Schwierigkeiten, ihre Tomaten loszuwerden, weil sie durch die dauernde chemische Behandlung jeglichen Geschmack verloren hatten.

Hier nähern wir uns auch schon einem zentralen Gesichtspunkt des Themas Ernährung und Freude an der Ernährung: dem Genuß.

Meines Erachtens hat es überhaupt keinen Zweck, wenn ich mir morgens ein Vollkornmüsli mühsam hinunterwürge, wenn ich statt dessen lieber ein Brötchen mit Marmelade oder irgend etwas anderes essen würde. Das, was am Vollwertmüsli zweifelsohne sehr gesund ist, kommt dann bei mir wegen des Widerwillens, mit dem ich es esse, gar nicht zum Tragen: Es fehlt ganz einfach der Genuß beim Essen.

Als ich krank wurde, riet mir meine Ärztin, ich solle eine Vollwertkostdiät einhalten: kein Zucker, kein Alkohol, kein Fett, kein Fleisch, nur rechtsgedrehte Milchsäureprodukte, kein Tee oder Kaffee, kein Weißbrot oder Brötchen, nur fettreduzierte Käsesorten und so weiter, und so weiter. Ein halbes Jahr hielt ich mich an diese Diät – ein halbes Jahr ohne jeglichen Essensgenuß. Zum Frühstück Fencheltee, Vollkornbrot mit Margarine, fettarmen Käse, zum Mittagessen Kartoffeln ohne Butter, ohne Fleisch, ohne Sauce, abends Gemüsebrühe. Kein Kuchen, keine Sahnesauce, nichts von all dem, was mir schmeckt.

Ich erinnere mich noch genau an das erste Mal, an dem ich wieder »normal« aß: Nach der zweiten Nachuntersuchung mit grandiosem Ergebnis gingen wir zu sechst zum Essen. Es gab Ente mit Rotkraut in einer dicken fetten Sauce, Bier und ein richtig süßes Dessert. Wie freute ich mich über dieses Essen! Auch das gehört zum Leben! Und schlagartig wurde mir bewußt, daß ein Essen ohne Genuß, aber mit ausschließlich gesunden Zutaten nicht halb so gesund sein kann wie ein Essen mit Genuß, aber den einen oder anderen »ungesunden« Bestandteilen.

Also – keine Diät mehr für mich! Ich glaube heute, daß jegliche Diät mehr schadet als nützt. Wer sich lustlos und verkrampft einer bestimmten Gesundheitsdiät verschreibt, tut sich nichts Gutes. Wollen Sie essen, um zu leben, oder leben, um Ernährungsregeln einzuhalten? Auch daß Diäten zur Gewichtsabnahme nicht viel bringen, ist mittlerweile sattsam bekannt.

Genießen Sie Ihr Essen. Nehmen Sie sich Zeit dafür. Achten Sie darauf, was Sie essen. Die sogenannten Geschäftsessen, bei denen mehr auf die Diskussion als auf das Essen geachtet wird, können nicht gesund sein. Barbara Temeli sagte in ihrem Buch »Die Ernährung nach den fünf Elementen«, daß es vorprogrammiert sei, daß Menschen, die regelmäßig während des Essens geistig arbeiten oder emotional anderweitig beteiligt sind, krank werden. Auch hier fehlt die Genußkomponente beim Essen, da es nur einem anderen Zweck dient. Wenn Sie essen, konzentrieren Sie sich auf nichts anderes. Und lassen Sie sich auch nicht die Freude an Ihrer Schwarzwälder Kirschtorte vermiesen, nur weil Ihr Gegenüber vielleicht glaubt, daß Zucker schädlich ist, und nichts Besseres zu tun hat, als Ihnen genau das jetzt zu erzählen.

Zu einem guten Körpergefühl gehört jedoch nicht nur das Essen, sondern auch die Bewegung. So wie wir Essens- und Schlafenszeiten brauchen, braucht unser Körper auch eine »Wartungszeit«. Und ein gutes Körpergefühl ist es schließlich, das uns Freude beschert. Weihnachten ist zum Beispiel eins der Familienfeste,

150

wo man sich von einem guten und reichhaltigen Essen zum nächsten bewegt. Eins koche ich selbst, eins die Oma, dann geht's zur Tante, zum Kaffee zu Freunden und so weiter. Zwischendrin ist wenig Zeit für Bewegung oder Sport, und so fühle ich mich nach drei Weihnachtstagen wie eine Tonne, die nur noch aus dem Zimmer hinausgerollt werden kann. Na gut – ein oder zweimal im Jahr ist das ja kein Problem. Generell brauche ich jedoch die tägliche Bewegung, damit ich mich fit und wohl in meinem Körper fühle. Ich gehe jeden Tag zum Schwimmen, und außerdem rudere ich jeden Tag fünfhundert Meter auf unserer Rudermaschine. Seltsamerweise brauchte ich das früher überhaupt nicht – da konnte ich wochenlang ohne Sport auskommen. Heute schaffe ich das nicht mehr. Nur Bewegung bringt mir meine Leichtigkeit zurück.

Früher dachte ich, daß bei sportlicher Betätigung nur sehr wenige Kalorien verbrannt werden und daß es für Gewichtsab- und -zunahme irrelevant sei, ob ich Sport treibe oder nicht.

Was die Kalorien angeht, die ich beim Sport verbrauche, stimmt diese Hypothese sogar.

Was ich jedoch nicht wußte, war, daß ich durch die Bewegung Fettzellen in Muskelzellen umwandle und daß Muskelzellen viel mehr Kalorien verbrauchen als Fettzellen. Es geht also gar nicht um die Kalorien, die ich durch den Sport direkt verbrauche, sondern um die, die ich durch die Umwandlung in Muskelzellen *dauerhaft* mehr verbrauche. Was wir nun konkret tun, ist, meiner Ansicht nach, nicht wesentlich. Hauptsache, wir tun es, am besten jeden Tag. Und wir haben Spaß dabei. Ich habe dann mehr Freude in und an meinem Körper, zeige ihn gern und bin stolz auf ihn – kurz – ich mag meinen Körper.

DAS KÖNNEN SIE TUN

Ich finde Freude in und an meinem Körper, indem ich ihn annehme.

① Trinken Sie jeden Tag zwei Tassen heißes Wasser – eventuell mit einem Spritzer Zitrone.

② Nehmen Sie sich Zeit für Ihr Essen, und essen Sie mit Genuß. Fragen Sie Ihren Körper, was er möchte. Was Sie nicht mit Genuß essen können, lassen Sie weg. Konzentrieren Sie sich während des Essens nur darauf, und vermeiden Sie hitzige Diskussionen.

③ Machen Sie keine Diäten.

④ Essen Sie soviel wie möglich frisch und naturbelassen. Vermeiden Sie Junkfood, Fertigprodukte und eisgekühlte Getränke.

⑤ Treiben Sie regelmäßig Sport mit Spaß.

Sexualität, Lust

Wilde Nächte
So wilde wilde Nächte!
Wär ich mit dir allein,
Solch wilde Nächte sollten
Unser Überfluß sein.

Emily Dickinson

Freude in der Sexualität – ein heikles Kapitel. In keinem anderen Lebensbereich ist die Diskrepanz zwischen dem, was möglich ist, und dem, was real geschieht, so groß. Dabei haben Untersuchungen ergeben, daß sexuelle Probleme keinesfalls mit der Güte einer partnerschaftlichen Beziehung zusammenhängen müssen. Über die Hälfte der befragten Frauen gaben an, daß sie zwar in einer glücklichen Beziehung lebten, sexuell aber nicht erfüllt seien oder Probleme mit ihrem Orgasmus hätten.

Dabei haben wir Frauen noch nie soviel Gelegenheit gehabt, überkommene »sündhafte« Vorstellungen zur Sexualität, mit denen unsere Mütter noch fertig werden mußten, abzulegen. Aber auch wenn viele negative Einstellungen zur Sexualität verstandesmäßig überwunden wurden – die Fähigkeit, sexuelle Gefühle auszudrücken, ist dem Verstand nicht immer gefolgt. Immer noch wird ein Großteil des sexuellen Verhaltens auf beiden Seiten von Ängsten und Selbstwertmangel begleitet. Auf Seiten der Frauen spielt oft die Angst mit, von ihren Männern nicht mehr geliebt zu werden, wenn sie nicht in jeder Hinsicht »bereit« sind, auf seiten der Männer geht es fast immer um die Befürchtung, nicht als großartiger Liebhaber mit nicht endenwollender Potenz anerkannt zu werden. Und wissen Sie, was bei all diesen Überlegungen, all diesen krampfhaften Bemühungen um ein ekstatisches Sexualleben verlorengeht? Die Spontaneität, die Lust und vor allem die Freude an der Liebe.

Die meisten Männer und Frauen wünschen sich eine enge Beziehung, die ihre emotionalen Bedürfnisse befriedigt. Eine befriedigende und erfüllte sexuelle Beziehung trägt zur Erfüllung dieser emotionalen Bedürfnisse bei. Das soll nicht heißen, daß Sex nicht auch ohne Liebe genossen werden kann. Für die meisten Menschen, mich eingeschlossen, ist jedoch erfüllte Sexualität ein wichtiger Teil einer vertrauten und umsorgenden Beziehung. Es ist die natürliche Folge der Anziehung zwischen zwei Menschen. Romantische Liebe hat unbestreitbar auch eine sexuelle Komponente.

Je mehr Partner sich selbst und einander trauen, desto mehr können sie sich sexuell entspannen und sich ganz dem Genuß hingeben – eine wichtige Voraussetzung für die Freude an der Liebe. Und sexuelles Entspanntsein hat sehr viel mit der Kommunikation zwischen den Partnern zu tun.

Aber gerade dies ist heikel, und das Gelände vermint. Im entscheidenden Moment das richtige Wort zu finden, ist den wenigsten von uns gegeben. Denn in diesem Bereich sind wir alle ungemein empfindlich, da wagen nur die Beherztesten unter uns deutlich zu werden. Es ist immer traurig, wenn eine Liebesbeziehung in die Brüche geht, nur weil man sich nicht ausgesprochen hat – aus Angst, das Verlangen könnte auf Ablehnung stoßen, aus Unvermögen, die Sexualität als Spiel zu akzeptieren.

Statt dessen greifen wir zu Ausflüchten (»Ich bin heute so müde«), verstellen uns oder lügen schlichtweg, und das alles nur, weil wir Ablehnung oder Schlimmeres befürchten, wenn wir ehrlich sind.

Ehrlich sein in der Liebe – wieder beginnt die Lösung eventueller Probleme bei mir selbst. Bin ich nämlich nicht offen und ehrlich mit meinem Partner, bin ich es auch nicht mit mir selbst. Erst wenn ich mir selbst all meine unausgesprochenen Sehnsüchte eingestehe, kann ich mit meinem Partner ein offenes und ehrliches Gespräch darüber führen. Und erst wenn ich meinen Körper in Liebe annehme, wird auch mein Partner meinen Körper lieben können.

Wir müssen uns heute der körperlichen Liebe von einem anderen Ausgangspunkt nähern, als dies in den Jahren nach der sexuellen Revolution der Fall war, ohne jedoch zu dem zurückzukehren, was davor gang und gäbe war.

Im vorangegangenen Kapitel zu Körpergefühl und Ernährung haben wir uns damit beschäftigt, wie wir dahinkommen können, daß wir unseren Körper lieben und achten. Dies ist natürlich primäre Voraussetzung für ein freudiges und erfülltes Liebesleben. Wir müssen uns auch von eventuellen Befürchtungen freimachen, daß gewisse Körperteile zu groß, zu klein, eben minderwertig seien. Kein Körper ist ungeeignet für die Liebe, wie immer er auch aussieht.

Und schließlich ist dies auch der Körper, den ich mir über die Jahre geschaffen habe, er ist so, wie ich ihn will und mag. Und wenn ich meinen Körper mag, warum dann nicht auch hin und wieder solo mit ihm spielen? Woody Allen hat einmal gesagt: »Masturbation? Nichts dagegen. Es ist Sex mit jemandem, den ich liebe.«

Natürlich hat der freiere Umgang mit unserem Körper und das Ad-acta-Legen sexueller Tabus viel Positives bewirkt. Auf der anderen Seite hat diese Entwicklung jedoch auch zur Entmystifizierung der körperlichen Liebe beigetragen. Offene Bücher mit noch offeneren Beschreibungen und Stellungen, Pornos, Fernsehserien, Ratgeber, gleißendes Licht, Spiegel etc. lenken von dem ab, was Sex wirklich sein sollte: die ekstatische körperliche Union zweier Menschen. Nicht, daß alle diese Dinge negativ sind, wenn jedoch das Wesentliche darüber in Vergessenheit gerät, schaden sie mehr als sie nützen.

Auch beim Sex gibt es heute übersteigerte Erwartungen auf beiden Seiten, einen Leistungsdrang und -zwang, der in diesem Bereich überhaupt nichts zu suchen hat. Nichts gegen Experimentierfreudigkeit und spontane Neuentdeckungen beim Sex – sobald daraus jedoch ein Zwang wird, sämtliche bekannten Stellungen »abgehakt« werden müssen und der Sex ohne multiple Orgasmen nicht mehr für gut erachtet wird, erinnert mich das Ganze mehr an einen olympischen Wettkampf, an eine rein mechanische Übung, als an irgend etwas, das der Liebe körperlich Ausdruck verleiht. Und außerdem frage ich mich, wo dabei die Zärtlichkeit bleiben soll. Für mich hat Zärtlichkeit oft eine ebenso starke erotische Komponente wie die Vereinigung an sich. Katherine Anne Porter hat dies wunderschön ausdrückt:

> ... mit der unendlichsten
> Zärtlichkeit, der ich je in
> meinem Leben begegnete,
> legte er die Arme um mich,
> sanft, ganz sanft und
> ich umfing seinen Nacken,
> und wir berührten einander.

Ist gerade dieses vollkommen unausgesprochene und doch so präsente Begehren nicht hocherotisch? Den meisten Frauen braucht man das nicht zu sagen, aber sie schämen sich oft, es den Männern zu sagen, aus Angst, sie könnten für altmodisch gehalten werden, genauso wie Männer oft ihre Vorliebe für bestimmte Objekte oder aggressive Wünsche nicht gestehen.

Ich habe nichts gegen Quickies, es muß auch nicht immer sanft zugehen – nur jeglichen Leistungsdrang sollten wir doch lieber weglassen. Egal, wie oft am Tag oder ob überhaupt jeden Tag, egal, ob im Bett oder im Aufzug, egal, ob schnell oder langsam.

In einem Zeitungsartikel mit dem sinnigen Titel »Komm doch, wann du willst« sagt die Autorin Beatrice Schlag, daß Männer umdenken müßten: Nicht alles, was lange währe, werde endlich gut. Zumindest nicht im Bett. »Sehen Sie«, sagt sie, »irgendwie ist die Entdeckung der Langsamkeit nicht immer das Gelbe vom Ei.« Das sei zwar schwer zuzugeben, da wir Frauen die Männer dazu genötigt hätten. Aber »manchmal wäre Leidenschaft eine wunderbare Alternative«.

Hier kommen wir nämlich zu einer weiteren Angst unserer so modernen Zeit: Wir sind besessen von Sex, ohne dabei willens zu sein, die Kontrolle zu verlieren. Und Leidenschaft verlangt genau das: die Kontrolle abzugeben, sich der Leidenschaft *hinzugeben*. Leidenschaft kann nämlich nur dann authentisch sein, wenn sie Hingabe enthält. Dieses »Sich-fallen-Lassen«, dieses »Die-Kontrolle-Aufgeben«, das ist es, was wir verlernt haben – und das nicht nur beim Sex. Kontrolle macht jedes spontane und unbedingte, jedes tiefe und überwältigende Erleben jedoch zunichte und reduziert jedes Verhalten auf seinen rein mechanischen Inhalt.

Die Gesellschaft, die nach Konformität strebt, will uns glauben machen, daß wir die Kontrolle verlieren, wenn wir nicht unseren sexuellen Bedürfnissen widerstehen. Aber ist das wirklich wahr? Wenn Sex natürlich ist, warum muß er kontrolliert werden? Alle sexuellen Probleme sind auf Kontrolle, Widerstand und mangelnde Hingabe zurückzuführen. Deepak Chopra sagt in seinem Buch »The path to love«: »Der Sexualtrieb ist Teil unseres Selbst: Wir sollten ihn akzeptieren und lieben und nicht versuchen, ihm zu widerstehen. Wenn Sie ohne Widerstand durch das Leben gehen können, werden Sie entdecken, daß das Leben selbst eine Reinheit hat, die sowohl Liebe als auch Sex mit einschließt – es gibt keine Trennung zwischen beidem.«

Wir können lernen, die Kontrolle und den Widerstand aufzugeben – das müssen wir lernen, sonst ist wahre Hingabe und damit Freude am Sex nicht möglich. Und dabei ist die Hingabe genau wie der Verlust der Kontrolle etwas, was wir alle kennen – wenn wir verliebt sind. Hingabe ist dann ganz spontan und natürlich da. Wir legen meist jegliche Selbstsucht, jegliches Mißtrauen ab. Fast immer jedoch kommt das Ego, die Selbstsucht und das Mißtrauen nach der Verliebtseinsphase wieder, das heißt, Hingabe muß dann ein bewußtes Ziel werden, denn sie ist nicht länger einfach gegeben. Hingabe ist Bewußtseinsarbeit. Und sie kann die gleiche Freude wie das Verliebtsein in eine Beziehung bringen. Hingabe verträgt sich nicht mit den banalen kleinen Streitigkeiten des Lebens zweier sich liebender Menschen. Alle kleinen Streitigkeiten sind Trennung – Hingabe ist Union. Das heißt, daß ich auch im täglichen Leben manchmal das »Wir« über das reine »Ich« stellen muß. Das kann ich jedoch nur, wenn ich verinnerlicht haben, daß wir Liebende in Union sind, jedoch ohne unsere einzigartige Persönlichkeit aufzugeben. Wir geben nicht uns auf, sondern lediglich unser Ego.

Hingabe – im Gegensatz zu dem, was die meisten Menschen glauben, hat dies nichts mit Niederlage zu tun. Vielmehr heißt Hingabe, daß ich nicht kämpfe, nicht opponiere, sondern Gefühle über Ergebnisse stelle, daß ich die Bedürfnisse meines Geliebten genauso hochstelle wie meine eigenen. Wenn Sie sich an

Ihr erstes Verliebtsein erinnern, sehen Sie, daß all dies Ihr Empfinden war. Denn Liebe enthält all diese Antworten schon. Verliebte lieben ohne jede Mühe und ohne jede Bedingung, sie freuen sich aneinander und am Dasein, sie glauben an die Sicherheit des Lebens, und es gibt keine Kontrolle.

Liebe und Ego sind jedoch nicht vereinbar. Hingabe startet bei Ihnen und dem, den Sie lieben, wenn Sie lernen, ohne Widerstand und ohne Angst zusammenzusein.

Auf der praktischen Seite bedeutet Hingabe loslassen. Lassen Sie sich gehen, und erlauben Sie sich, sich ohne Widerstand treiben zu lassen. Loslassen ist ein langsamer Prozeß der kleinen Schritte. Dabei ist eines sehr wichtig: Gerade in dem Moment, in dem Sie das größte Bedürfnis verspüren festzuhalten, müssen Sie loslassen.

Dabei ist eine Möglichkeit, physisch loszulassen und Streß abzubauen, körperliche Übungen zu machen, zum Beispiel die Feldenkrais-Methode. Dabei lerne ich, Stück für Stück jedes einzelne Körperteil abzugeben und loszulassen. Es muß natürlich nicht unbedingt Feldenkrais sein. Generell baut Bewegung körperlichen Streß ab. Auch Sport ist deshalb eine Möglichkeit, physische Hingabe zu üben, und natürlich Sex selbst. Ich sollte meinen Körper akzeptieren und mögen und ihn auf der anderen Seite nicht überwichtig nehmen, denn das hindert mich daran, Neues auszuprobieren.

Mental loslassen ist sehr viel schwieriger. Dafür muß ich nämlich Glaubenssätze, die ich unter Umständen seit Jahrzehnten aufgebaut habe, hinterfragen, beziehungsweise mich selbst mit anderen Glaubenssätzen an eine mentale Hingabe heranführen. Gerade wir Frauen »erben« über unsere Mütter speziell in sexueller Hinsicht oft eine Flut von uns hemmenden Überzeugungen und Meinungen, deren Inhalt oft weder realistisch noch bewiesen ist, sondern meist auf überkommenen Moralvorstellungen und Prüderie beruhen und nichts als Ängste aufbauen. Diese Ängste führen dann zu Kontrolle und Widerstand und verhindern ein Sich-gehen-Lassen, verhindern Hingabe.

Also – sobald Sie daran denken, was Negatives passieren könnte, oder wenn Sie auch nur das Gefühl haben, daß Ihr Verhalten auf ein Desaster hinsteuert, sollten Sie sich Sätze sagen, die Sie mental zum Loslassen bringen, Sätze wie:

• Meine Ängste mögen wahr werden, aber das Ergebnis wird mich nicht zerstören, sondern könnte sogar zu meinem Besten sein. Ich werde warten und sehen, was kommt.

• Alles, was ich zu verlieren befürchte, habe ich schon verloren, alles, was ich fürchte, ist schon geschehen, und alles, was ich verliere, sollte eh nicht bei mir bleiben. Wer weiß, wozu und wofür der Verlust gut war.

• Ich habe alle schöpferischen Fähigkeiten in mir – neue Erfahrungen werden mich nur stärker machen.

• Ich will nicht mehr festhalten. Ich will loslassen und willkommen heißen, was kommen mag.

Um uns eine neue Realität zu schaffen, brauchen wir neue mentale Strukturen. Dies gilt natürlich nicht nur für mein Sexualleben, wenn auch gerade hier mentale

Hingabe sehr wichtig ist, damit ich bisher verinner-
lichte nutzlose Überzeugungen überwinde.

Mentales Loslassen heißt für mein Sexualleben vor
allem, daß ich mich frei machen muß von dem Gedanken, was ich sexuell in den Augen meines Partners
darstelle, wie meine Leistung ist. Solange ich daran
festhalte, kann ich mich nicht rückhaltlos dem Erleben
hingeben.

Am schwierigsten für uns ist es jedoch, emotional loszulassen. Dafür muß ich nämlich akzeptieren, daß
ich der Schöpfer meiner emotionalen Realität bin. Jede
Emotion, die ich erlebe, ist meine und hat ausschließlich mit mir zu tun. Niemand außer mir selbst ist verantwortlich für die Emotionen, die ich habe.

Was uns am emotionalen Loslassen hindert, ist der
Widerstand. Wir wehren uns oft gegen unliebsame
Emotionen, wollen sie unterdrücken oder glauben, sie
unterdrücken zu müssen. Ein typisches Beispiel hierfür ist der Haß. Kein Erwachsener bekennt sich gerne
dazu, während das den meisten Kindern doch durchaus leichtfällt. Tatsache ist, daß meine Haß-Emotion
mir nur den Haß auf mich selbst deutlich macht, daß
sie mir meinen eigenen Haß zeigt, so wie meine Liebe
zu jemand anderem mir meine Liebe zu mir selbst
deutlich macht.

Emotional loslassen, eine Emotion loslassen kann ich
jedoch nur dann, wenn ich sie annehme, wenn ich sie
umarme, denn erst dann wird sich mein Widerstand
gegen sie auflösen. Denn dann erst habe ich akzeptiert, daß der Grund für meine Emotion nicht »da
draußen«, sondern »hier drinnen« ist.

Praktisch heißt das, daß ich jedesmal, wenn mir eine Emotion bewußt wird, ich diese annehmen und dann an die Stelle atmen sollte, an der ich sie körperlich spüre, wie ich es bereits weiter vorne beschrieben habe. Mein Körper wird mir eine Farbe zeigen, die ich dann an diese Stelle atme. Damit kläre ich diese Emotion und lasse sie los. Dies tue ich, ohne daß ich die Emotion als schlecht oder gut klassifiziere. Ich nehme sie einfach an, wie sie ist.

Nachdem wir nun beleuchtet haben, was ich selbst bei mir tun kann, um meinen Körper zu lieben und um Hingabe zu üben, wenden wir uns dem zu, was konkret und praktisch Freude am Sex machen kann.

Freude beim Sex beginnt genau wie Freude beim Kochen nicht beim Instinkt. Sie beginnt damit, daß Menschen wissen, wie man Speisen zubereitet und genießt, und bereit sind, sich bei der Zubereitung Mühe zu geben. Auch beim Sex sollte man »Rezepte vergleichen«, Phantasie benützen und sich ungewöhnlichen und neuen Erfahrungen nicht verschließen, experimentierfreudig bleiben. Dabei müssen wir uns vor allem von der Vorstellung lösen, daß Sex eine furchtbar ernste Sache ist und auch so gelebt werden muß. Das Bett ist der Ort, wo ich auf der Spielebene alle mir vorstellbaren Spiele spielen kann. Leider haben Erwachsene Angst vor Spiel, Verkleidung und Theater. Es macht sie befangen – es könnte ja etwas Schreckliches zum Vorschein kommen. Spiel ist eine Funktion der sexuellen Entwicklung – Verspieltheit gehört zur Liebe. Sie können auf Ihre eigene Weise spielen und all Ihre schöpferischen Einfälle ausprobieren.

In »Joy of Sex« sagt der Autor Alex Comfort, es gebe beim »guten« Sex nur zwei Regeln: »Tun Sie nichts, was Ihnen nicht wirklich behagt« und: »Suchen Sie die Wünsche Ihres Partners, und weisen Sie sie nicht zurück, wenn irgend möglich.« Das kann leichter sein, als es klingt, denn wenn der eine Partner nicht gerade wünscht, was der andere völlig indiskutabel findet, fühlen sich wirklich Liebende nicht nur durch die eigene Befriedigung belohnt, sondern auch durch die Reaktion des anderen.

Die antike Vorstellung von der passiven Frau und dem aktiven Mann sah ihn in erster Linie als den Solisten. Glücklicherweise ist dies heute überholt. Paare sollten ihre Bedürfnisse und Neigungen aufeinander abstimmen und immer neugierig aufeinander bleiben. Praktisch brauche ich dafür nur einen sauberen, unparfümierten Körper (der eigene Körpergeruch ist wunderschön und so hocherotisch wie wunderschöne Unterwäsche, die man langsam ausziehen kann). Einen Körper, den ich mag. Und einen Partner, der seinen Körper mag.

Dann können Sie entspannt und liebevoll miteinander auf Abenteuer gehen. In »Angélique und ihre Liebe« las ich etwas Wunderschönes. Körperliche Liebe ist »gemeinsam die Insel Kythera, die Heimat der Liebenden« finden. »Mitgerissen von der stürmischen, unwiderstehlichen Woge, trieben sie den Ufern entgegen und strandeten, ineinanderverschlungen, auf dem goldenen Sand, hingegeben einer taumelnden Erlösung ohne Ende ... Und sie wunderten sich, als sie die Augen öffneten, daß sie weder goldenen Sand, noch das Blau des Meeres sahen... Unter allen Himmeln kann man Kythera finden.« Ich finde dieses Bild sehr schön (Sie haben vielleicht schon bemerkt, daß ich eine Romantikerin bin!). Also, machen wir uns auf den Weg. Finden wir mit unserem Partner diese Insel.

DAS KÖNNEN SIE TUN

Ich bringe Freude in mein Sexualleben durch Liebe zu meinem Körper und durch Hingabe.

① Akzeptieren Sie Ihren Körper, wie er ist. Machen Sie sich frei von der Vorstellung, daß irgendein Körperteil zu klein oder zu groß sei.
② Üben Sie Hingabe und Loslassen:
• Physisch durch Bewegung
• Mental durch Veränderung alter Glaubenssätze, zum Beispiel, indem Sie sich immer wieder sagen: Ich werde warten und sehen, was kommt.
• Emotional, indem Sie bei jeder Emotion Farbe an die Stelle atmen, wo diese Emotion im Körper sitzt.
③ Sprechen Sie mit Ihrem Partner über Ihre sexuellen Bedürfnisse. Seien Sie ehrlich - lügen oder verstellen Sie sich nicht. Ihr Partner wird Sie so lieben, wie Sie sind.
④ Machen Sie keinen Leistungssport aus der Liebe – betrachten Sie sie als Spiel.
⑤ Tun Sie nichts, was Ihnen nicht wirklich behagt.
⑥ Suchen Sie die Wünsche Ihres Partners, und weisen Sie sie nicht zurück, wenn irgend möglich.

Spirituelles Leben und Erleben

> Und wenn ich die Prophetengabe habe
> und alle Geheimnisse weiß und alle Erkenntnis
> besitze und wenn ich allen Glauben habe,
> so daß ich Berge zu versetzen vermöchte,
> habe aber die Liebe nicht, so bin ich nichts.
>
> *1. Korinther, Vers 13*

Bevor ich 1994 erkrankte, hatte ich von spirituellen Dingen, abgesehen von meinem Glauben als Katholikin, nicht die geringste Ahnung. Ich startete sozusagen bei Null, und das, als mein Countdown nach Meinung der Ärzte mit sechs Wochen bereits lief. Mir war sofort nach der Diagnose klar, daß ich nur über einen neuen Weg an die Ursache meiner Krankheit und damit an die Möglichkeit einer Heilung herankommen konnte, denn im bekannten empirischen Bereich hatten mir die Ärzte keine Möglichkeit mehr gelassen. Mein Interesse für spirituelle Arbeit war damals also eher von zweckgetragenen Überlegungen geprägt. Ich war hochskeptisch. Und da ich sowenig wußte, waren mir all diese Esoteriker und sonstigen Gurus sehr suspekt. Ich hatte einfach Angst, daß ich vielleicht zwar Hilfe in meiner Situation bekommen könnte, aber unter Umständen moralisch vom Regen in die Traufe käme, dadurch daß ich mich vielleicht von einem dieser Lehrer abhängig machen würde. Erst nach und nach wurde mir klar, daß ich diejenige war, die alles in Händen hielt, und daß ich nur soweit in Abhängigkeit geraten konnte, wie ich es erlaubte.

Also tastete ich mich, mit winzigen Schritten beginnend, an die Materie heran. Früher hatte ich an die Schulmedizin und auf medizinischem Gebiet nur daran geglaubt. Nachdem jedoch gerade die Schulmedizin den Karren, den ich in den Dreck gefahren hatte, nicht mehr herausziehen konnte, mußte ich mich nach Alternativen umsehen.

Auch durch meinen Glauben erwartete ich keine Heilung. Ich wußte, Gott war mit mir, mir war jedoch klar, daß es mir nichts nützen würde, um ein Wunder zu betteln. Wunder geschehen in den allerseltensten Fällen – darauf wollte ich mich nicht verlassen.

Ich wußte, ich mußte anfangen, mich auf mich selbst zu verlassen, mich endlich auf mich selbst einzulassen, mich selbst kennenzulernen. Ich wußte, ich muß die Dinge selbst in die Hand nehmen. Statt mutlos aufzugeben und den schulmedizinischen Weg bis zum bitteren Ende durchzuziehen, drehte ich mich um 180 Grad und sagte mir: »Von jetzt an wirst du für alle, vermeintlich noch so abstruse Dinge offen sein, du wirst jedem noch so dünnen Faden hinterherlaufen, um an eine Lösung heranzukommen.«

Hierin wurde ich auch von meinem Mann und von meiner Ärztin bestärkt. Sie sagte, wir müßten jetzt jedem noch so chancenlos erscheinenden Weg folgen, ja, sie gab mir sogar die Adresse eines Geistheilers, den ich anrufen sollte, was ich auch tat. Er sprach kurz mit mir, erkundigte sich nach meiner Krankheit und machte mit mir einen Termin am Abend aus, an dem ich mich auf ihn und auf meine Heilung konzentrieren sollte – in seiner Abwesenheit. Er, so erklärte er mir, würde von zu Hause aus seine Kräfte aktivieren. Ich tat genau, was er mir gesagt hatte. Physisch bemerkte ich nichts, ich kann jedoch nicht sagen, ob dies überhaupt irgendeinen Effekt gehabt hat – ich glaube eher nicht, weil mir wohl der Glaube daran fehlte. Sicherlich kann jedoch bei Menschen, die an solche Geistheilungen glauben, sehr viel bewirkt werden.

Das war also meine erste Berührung mit spirituellem Erleben. Was ist nun spirituelles Erleben? Für mich ist es alles, was über das direkt Begreifbare hinausgeht. Insofern ist natürlich auch mein Glaube spirituell. Der Unterschied zwischen meinem christlichen Glauben und anderen spirituellen Wegen ist jedoch, daß ich als Christin einer Hierarchie unterworfen bin und bei Problemen zwar Gott anrufen kann, mir jedoch die Möglichkeit fehlt, selbst etwas zu beeinflussen. Ich muß mich auf die Gnade Gottes verlassen, und das bedeutet in meinem Fall, daß ich nur auf ein Wunder hoffen konnte. Ich war auf der Suche nach etwas, was mir meine eigenen inneren Möglichkeiten eröffnete. »Gott ist mit dir in deinem Wunsch nach Leben«, las ich damals in einer Broschüre, und das war genau das, was ich fühlte: Gott war mit mir in allem, was ich unternahm – aber er würde es nicht für mich tun. Nur ich konnte es tun, ich konnte die Verantwortlichkeit dafür an niemand anderen abgeben, nicht einmal an Gott. Ich mußte also nach etwas suchen, was mir den Weg zu mir selbst erschloß.

Über meine Ärztin lernte ich damals noch weitere Methoden kennen, vor allen Dingen die Silva-Mind-Methode, mit der sie mich an Meditation heranführte.

Auch las ich im Krankenhaus ein Buch von Anthony Robbins über die NLP-Methode und mich faszinierte die Idee, daß dem Menschen alles möglich ist, was er nur immer will. Also nahm ich über eine Freundin Kontakt mit einem NLP-Therapeuten auf, bei dem ich mich dann auch etwa ein Jahr behandeln ließ.

Nach und nach öffnete ich mich dieser total neuen Welt, diesen so anderen Erfahrungen. Als ich dann Kontakt zu meiner Therapeutin in Köln bekam, war ich, wie ich bereits geschildert habe, sehr skeptisch. Heute sind mir ihre Theorien und Überzeugungen eine Selbstverständlichkeit. Heute glaube ich, daß jeder Mensch der Schöpfer seiner Geschicke ist, daß wir alle kosmische Energiefelder – oder Seelen – sind, die ewig sind, die niemals sterben. Unsere Energie war hier, bevor wir geboren wurden, und wird hier sein, wenn unser Körper die Erde verläßt. Wir alle sind hier, um Erfahrungen zu machen, um etwas zu lernen und um etwas weiterzugeben.

Erst nach und nach nahm ich einen internen Dialog mit mir selbst auf und öffnete mich faktisch mir selbst. Nie hatte ich auch nur ansatzweise mit mir selbst kommuniziert, nie hatte ich Kontakt mit meinem Unterbewußtsein gehabt. All dies lernte ich nun, und es war eine überwältigende Erfahrung für mich. Ich erkannte, wie arrogant ich gewesen war, daß ich mich allen neuen Erfahrungen verschlossen hatte und immer von »diesem esoterischen Quatsch« gesprochen hatte. Die Bewußtseinsarbeit, die ich kennenlernte, diese Erweiterung meines Horizontes, eröffnete mir Bereiche und Denkungsweisen, die ich nie für möglich gehalten hätte. Es fing damit an, daß ich zu der Überzeugung gelangte, daß es möglich war, daß ich mich von dieser Krankheit befreien konnte und daß *ich* das tun konnte. Aber das war es nicht allein – was ich lernte, ging über Krankheit und Tod weit hinaus. Ich lernte, wirklich mit mir und in mir zu leben und nicht nur um das Leben herum. Ich lernte, wie ich durch das vorne beschriebene Farbenatmen toxischen Emotionen begegnen konnte. Ich lernte, daß ich meine Mitmenschen anerkennen und achten muß, daß sie mein eigener Spiegel sind. Ich lernte, daß wir uns täglich gegenseitig Energie rauben und daß dies der Grund für Krankheiten und Krisen sein kann. Ich lernte, daß mein Ego nur mein Selbstbild ist und mit meinem wahren Selbst wenig zu tun hat. Und vor allem lernte ich, wie ich Bewußtsein in jeder Zelle meines Körpers aktivieren konnte, wie ich mit jeder einzelnen Zelle kommunizieren und so meine Krankheit überwinden konnte. Ich lernte, wie unwichtig Äußerlichkeiten sind, denen ich früher eine so hohe Bedeutung beigemessen hatte, daß ich wegen des Festhaltens an meiner Prinzessinnenrolle fast gestorben wäre.

»Unser physischer Körper und die sicht- und begreifbare Welt sind nicht das Leben, sondern nur ein Schritt auf unserer spirituellen Reise«, sagt Paul Pearsall, ein amerikanischer Pädagoge. Dies ist heute auch meine Ansicht, auch wenn mir bewußt ist, daß für weit mehr als neunzig Prozent der Menschen ihr physischer Körper und die sicht- und begreifbare Welt das

Leben verkörpern. Erst heute ist mir bewußt, wieviel mir entgeht, wenn ich mir diese Sichtweise zu eigen mache, wie eng begrenzt mein Bild vom Kosmos doch ist. Aus Engstirnigkeit, Ignoranz und Angst verbaue ich mir den Blick auf das, was das Leben wirklich ausmacht.

Freude für mein spirituelles Leben heißt deshalb für mich zunächst, daß ich mich dem öffnen muß, was für mich empirisch nicht nachvollziehbar ist, daß ich auch Dinge als gegeben hinnehmen muß, die weder sicht- noch begreifbar sind. Das, was ich erleben durfte, war medizinisch nicht begreifbar. Hätte ich mich deshalb dieser Möglichkeit verschlossen, wäre ich also der nachvollziehbaren Seite gefolgt, würde ich heute nicht hier am Schreibtisch sitzen und dies aufschreiben.

Natürlich ist es schwierig, besonders, wenn man wie ich von der »seriösen« Seite kommt, den irrationalen, den nicht-wissenschaftlichen, den in keiner Weise beweisbaren Weg zu gehen.

Damit ich diesen Weg gehen kann, muß ich mich nämlich ganz auf mich verlassen, ich muß mir selbst so sehr trauen, daß ich meine übliche Kontrolle, meinen Widerstand aufgeben und loslassen kann. Ich muß Druck und Kontrolle, mit denen ich immer auf die Geschehnisse Einfluß genommen habe, aufgeben und statt dessen auf meine energetischen Kräfte vertrauen, ohne meinen Kopf dauernd einzuschalten, der mir soviel vermeintliche Sicherheit und Stabilität gibt. Druck und Kontrolle sind nämlich im Grunde Zweifel und Angst, daß nicht alles so läuft, wie ich es mir gedacht habe.

Damit es so läuft, muß ich mich von den Ergebnissen lösen, ich darf dem Ergebnis nicht mehr soviel Bedeutung beimessen, sondern muß darauf vertrauen, daß meine Energie, die ich in eine bestimmte Richtung aktiviere, alle Gegebenheiten zu meinem Wohl beeinflussen wird. Dies schließt natürlich immer auch die Möglichkeit ein, daß es anders laufen kann, und die Annahme, daß dies dann auch einen guten Grund hat – auch wenn er mir in diesem Moment noch nicht ersichtlich ist. Was hindert mich an diesem Vertrauen in meine eigene Energie? Die Angst loszulassen, Angst, daß etwas passieren könnte, was sich meiner Kontrolle entziehen könnte.

Der heilige Augustinus hat einmal gefragt:

> Sind wir menschliche Wesen, die gelegentliche spirituelle Erfahrungen machen?
> oder
> Sind wir spirituelle Wesen, die gelegentliche menschliche Erfahrungen machen?

Was meinen Sie? Gehen wir davon aus, daß wir menschliche Wesen mit gelegentlichen spirituellen Erfahrungen sind, dann müssen wir allerdings Angst haben, wenn sich etwas unserer Kontrolle entzieht, dann müssen wir Angst vor unserer eigenen Sterblichkeit haben, weil wir auf das Sicht- und Greifbare und auf gelegentliche spirituelle Erfahrungen reduziert sind, weil wir nicht ewig, sondern vergänglich sind.

Gehen wir jedoch davon aus, daß wir spirituelle Wesen sind, die gelegentlich menschliche Erfahrungen haben, dann sind wir ewige Geister, ewige Energiefelder, die von Zeit zu Zeit einen Körper bekommen, um neue Lernerfahrungen zu machen. Und wovor sollten wir dann noch Angst haben?

Unsere heutige Welt stellt eindeutig die Materie über alles. Natürlich besteht unser physischer Körper aus Materie, aber wissen Sie, aus wieviel? Ein Atom hat so gut wie keine Masse, sondern besteht fast ausschließlich aus Energie. Eine atomare Masseneinheit, also die internationale Einheit zur Angabe von Teilchenmassen, ist der zwölfte Teil der Masse eines Kohlenstoffatoms und beträgt $1,6605655 \times 10^{-24}$ g, das heißt eine Null, ein Komma und dreiundzwanzig Nullen; es handelt sich also um eine Masse, die für uns Menschen nicht mehr vorstellbar, geschweige denn wahrnehmbar ist. Das Atom besteht zu 99,999 Prozent aus – nichts. Da wir aus Atomen aufgebaut sind, bestehen auch wir zu 99,999 Prozent aus nichts. Und da sind wir so dreist und stellen die Materie über alles? Wo wir doch hauptsächlich aus Energie und Information bestehen?

Energie – unsere Seele – kann nicht lokalisiert werden, weil sie raumlos, zeitlos und dimensionslos ist. Wenn sie jedoch raumlos, zeitlos und dimensionslos ist, hat sie auch kein Ende. Und was kein Ende hat, hat auch keinen Anfang. Stephen Hawking, der Physiker, der Isaac Newtons Lehrstuhl in Cambridge innehat, sagt, daß die Realität keinen Beginn und auch kein Ende und nicht einmal Kanten im Raum hat. Schwer vorzustellen, nicht? Doch genau das ist die Entwicklung, die unsere technisierte Welt nimmt: Alles basiert auf der Idee der körperlosen, materielosen Übermittlung von Informationen. Haben Sie den Film »Enthüllung« mit Michael Douglas gesehen, in dem er durch einen virtuellen Korridor, eine ganze virtuelle Bibliothek marschiert, imaginäre Schubladen aufzieht und Informationen aus Aktenschränken zieht? Das ist doch so ein Schlagwort unserer Zeit – virtuelle Realität. Nicht vorhandene Realität, die dennoch Informationen, Gefühle (Cybersex), Bilder vermittelt. Technisch nähern wir uns deshalb immer mehr der Grenzlinie zwischen der realen und der nicht realen Welt.

Wir alle sind aus dem hauptsächlichen Stoff dieses Universums, der in Wirklichkeit Nicht-Stoff ist, gemacht. William Shakespeare läßt dies den Prospero in seinem »Sturm« so wunderbar ausdrücken:

> Wir sind von solchem Stoff, aus dem die
> Träume werden;
> unser kleines Leben umfaßt ein Schlaf.

Wir alle stehen in Verbindung miteinander, sind körperlich verschiedene Erscheinungen desselben Wesens. Unser Körper existiert in Raum und Zeit, unsere Gedanken existieren nur in Zeit, unsere Seele existiert weder in Raum noch in Zeit. Erinnerungen überleben den Tod der Moleküle. Unsere Desoxyribonucleinsäure (DNS), der Baustein allen Lebens, erneuert sich alle sechs Wochen, und trotzdem erinnert sich auch die erneuerte an die Entwicklungsgeschichte der Menschheit. Unsere Seele überlebt sowohl unseren Körper als auch unsere Gedanken und Erinnerungen.

Erst in unserer Seele drücken sich all unsere unendlichen Möglichkeiten und Fähigkeiten aus. Also müssen wir unsere Seele finden und entdecken. Und wie finde ich meine Seele?

Und was ist Seele? Wissen wir das so genau? Rilke gibt uns immerhin einen Anhaltspunkt:

Schau ich die blaue Nacht, vom Mai verschneit,
in der die Welten weite Wege reisen,
mir ist, ich trage ein Stück Ewigkeit
in meiner Brust. Das rüttelt und das schreit
und will hinauf und will mit ihnen kreisen ...
Und das ist Seele.

Seele – ein Stück Ewigkeit. Wie finde ich dieses Stück Ewigkeit in mir?

Ich glaube, der Mensch kann seine Seele nur in der Stille finden. Innerhalb unserer lauten Welt so voll von Ablenkungen jeder Art werde ich nie an den Grenzbereich zwischen Körper und Seele gelangen. Stille – das kann in der Meditation sein, aber auch im einfachen Besinnen auf mein Inneres, indem ich mich hinsetze, die Augen schließe und in mich hineinhorche. Je länger und je öfter ich die Stille suche, je tiefer ich dabei in meine inneren Sphären vordringe, desto näher werde ich meiner Seele kommen. Und je näher ich meiner Seele, meinem wahren Selbst komme, desto mehr wird mir bewußt, wie mein wirkliches Ich aussieht.

Erst wenn ich – wenn auch nicht in jedem Augenblick, so doch manchmal – an mein wahres Selbst ge-

176

lange, kann ich das, was meine wirklichen, nämlich immateriellen Wünsche und Sehnsüchte sind, erkennen, kann ich diese Wünsche in die Tat umsetzen, kann ich den Sinn in meinem Leben, wofür speziell ich hier bin, finden.

Du bist, was deine tiefe treibende Sehnsucht ist,
Wie deine Sehnsucht ist, so ist dein Wille,
Wie dein Wille ist, so ist deine Tat,
Wie deine Tat ist, so ist dein Schicksal.

Dieser indische Spruch sagt uns, daß Worte und Absichten in unserem spirituellen Leben erst dann zählen, wenn ihnen die Tat folgt. Nachdem ich gesund geworden war, haben mich viele Menschen gefragt, ob mein Wille allein, der Wille zu leben, diese Wende herbeigeführt habe. Ich antwortete darauf immer, daß der Wille allein nicht genüge, daß dem Willen immer zunächst der Glaube folgen müsse, daß ich eine Wende herbeiführen kann, und die Tat, mit der ich meinem Willen Gestalt verleihe. Ohne Tat sind die Worte und der Wille nur Lippenbekenntnisse.

Wichtig ist, daß ich die Stille suche. Es gibt viele Wege, dies zu tun, und jeder wird seinem Weg begegnen. Meine ganz einfache Methode der Atemmeditation habe ich bereits beschrieben. Ich konzentriere mich einfach auf meinen Atem und folge mit meinem Bewußtsein jedem Atemzug.

Bewußtsein – das ist überhaupt das Schlüsselwort in einem spirituellen Leben.

Ich muß in jedem Moment bewußt sein, wie ich spreche, was ich tue. Ich muß Bewußtsein in jede Zelle meines Körpers tragen. Und auch das mache ich, indem ich die Stille suche.

Mache ich das zweimal am Tag, nähere ich mich jeden Tag mehr meiner Seele. Dann entdecke ich meine innersten Sehnsüchte und kann sie als Wünsche, ja Ziele für mich formulieren und einführen. Wenn ich es dann noch schaffe, daß ich nicht lediglich meinem Ego folge und Ego-Wünsche formuliere, wenn ich es schaffe, daß ich dabei auf mich selbst vertrauen und ansonsten vertrauensvoll den Dingen ihren Lauf lassen kann, ohne mich krampfhaft auf das Ergebnis zu fixieren, kann ich Wunder in mir wahr werden lassen. So entferne ich mich auch – so hat es Brad Pitt kürzlich in einem Interview zu seinem Film »Sieben Jahre in Tibet« ausgedrückt – vom asozialen Individualismus, wie er vor allem in Hollywood herrsche, wo man es im Alltag ständig mit Selbstverherrlichern und Selbstbefriedigern zu tun habe. Er sagte auch, daß er, als er in den Anden gewandert sei, plötzlich geglaubt habe, daß hinter jedem Bergrücken das Paradies warte. Er entdeckte in den Bergen etwas Ursprüngliches. »Das«, so sagte er, »hat gereicht, um mich aus einem tiefen dunklen Loch zu befreien, und die Zukunft sieht wieder richtig gut aus.« Und das ist es doch, was wir alle wollen, daß wir uns aus all unseren dunklen Löchern befreien können und daß uns unsere Zukunft wieder rosig erscheint. Und dorthin führt für mich nur ein Weg: das Besinnen auf mich selbst in Stille und Meditation.

> Gott hat viele Türen geschaffen, die zur Wahrheit führen, und die er all jenen öffnet, die mit den Händen des Glaubens dort anklopfen.
>
> *Khalil Gibran*

Für mich ist heute mein Glaube auch ein spiritueller Weg, und ich finde Freude in meinem Glauben. In seinen Lehren unterscheidet er sich eigentlich wenig von all dem, was ich in den letzten Jahren erfahren habe. Mit einem Unterschied: Mich hat mein Glaube seit meiner Kindheit gelehrt, daß ich abhängig bin von einem höheren Wesen, daß, wenn ich mich nicht wohlverhalte, Strafe auf mich wartet.

Das glaube ich heute nicht mehr. Gott ist kein Rächer, der uns straft. Das besorgen wir schon selbst. Ich glaube auch nicht an Hölle und Teufel, die meines Erachtens nur ausgedacht wurden, um den Menschen Angst zu machen und sie bei der Stange zu halten.

Dieses Angstmachen ist einer der größten Fehler, den die Kirche macht, denn es ist mit dafür verantwortlich, daß sich die Menschen von ihr abwenden. Wenn Gott jedoch nicht straft, warum sollte ich dann Angst haben?

Als Kind hatte ich ein wundervolles Verhältnis zu Gott. Ich konnte mit ihm reden wie mit einem Vater, und ich erinnere mich sogar, daß ich in die Erde auf dem Grab meiner Großeltern Gummibärchen als Geschenk für sie pflanzte und mit ihnen sprach, als stünden sie vor mir. Sie sehen, für Kinder gibt es keine Trennung zwischen Toten und Lebenden, sie spüren nur die Energie, die da ist. Irgendwie ist mir dieser kindliche, unschuldige Glaube beim Erwachsenwerden verlorengegangen, und ich glaube, daß das vielen von uns so geht.

Ich habe mir meinen Glauben an Gott bewahren können, ich fühle, daß er mit mir ist in allem, was ich tue. Aber dieser unbedingte, unerschütterliche, von keinem Zweifel angenagte kindliche Glaube hat sich gewandelt. Auch mein Glaube ist erwachsen geworden.

Bevor ich krank wurde, konnte ich Gott immer nur um etwas bitten, ständig hatte ich ein Anliegen, das Gott erfüllen sollte. Als ich merkte, wie es mir besser ging, konnte ich auf einmal immer nur danken, ich wollte einfach nur Dank sagen für die Kraft, mit der ich diesen Weg gehen konnte. Gott ist unser aller Vater, wir sind seine Kinder, und als solche tragen wir alle etwas von seiner göttlichen Energie in uns. Mit dieser göttlichen Energie sind wir und nur wir der Schöpfer all unseres Glückes und auch all unseres Unglückes. Gott ist mit uns, wo wir uns auch immer hineinmanövrieren, ob wir uns für den einen oder den anderen Weg entscheiden, aber er entscheidet nicht für uns. Er straft uns nicht, und er löst auch nicht unsere Probleme für uns.

Ich glaube, wir müssen uns Gott auf einer anderen Ebene nähern, nicht auf der ewig bittenden, der hierarchischen von Kind zu Vater, sondern auf einer reiferen, bewußten, verständigen Ebene. Indem wir ihn als höchste energetische Präsenz betrachten, die immer bei und mit uns ist, mit der wir kommunizieren können – ohne Angst.

Und wir müssen uns wieder klarmachen, daß Gott nicht weit entfernt ist von uns. Wenn ich nämlich Gott nicht in einer Blume finden kann oder in einem Grashalm oder in einem Regenbogen oder in den Augen eines anderen Wesens werde ich ihn auch nicht in der Bibel finden.

Erst wenn ich die Angst aus meinem Glauben nehmen kann, dann kann ich wieder Freude wie ein Kind darin finden und Gott freudig in meinem Leben willkommen heißen.

DAS KÖNNEN SIE TUN

**Ich bringe Freude in mein spirituelles Leben,
wenn ich mich selbst – meine Seele –
finde und bewußt lebe. Ich bringe Freude
in meinen Glauben,
wenn ich ihn ohne Angst lebe.**

① Öffnen Sie sich für das Nicht-Sicht- und -Greifbare, für neue Erfahrungen. Sagen Sie sich immer wieder: Wer bin ich, daß ich sagen könnte, daß es das eine gibt und das andere nicht. Ich nehme erst einmal alles als Möglichkeit hin, ohne schon im Vorfeld darüber zu urteilen.

② Öffnen Sie sich der Stille, und nehmen Sie den internen Dialog mit sich selbst auf. Meditieren Sie mindestens einmal am Tag. Horchen Sie in sich hinein, und konzentrieren Sie sich auf Ihren Atem.

③ Sagen Sie sich immer wieder: Ich bin der Schöpfer

meiner Lebenssituation und niemand sonst. Wenn jemand etwas daran ändern kann, dann nur ich allein.

④ Formulieren Sie Ihre Wünsche und Sehnsüchte. Lösen Sie sich jedoch von einem Ergebnis, vertrauen Sie darauf, daß alles so eintreten wird, wie es gut ist.

⑤ Leben Sie bewußt. Achten Sie darauf, wie Sie sprechen, wie Sie sich verhalten, was Sie tun.

Alltag

Umarme jede Stunde!

Seneca

Alltag – ein Tag im All oder auch Tag im Alles. Jeder Tag zählt zu unseren Lebensbausteinen. Und meinen Alltag kann ich auf sehr verschiedene Art und Weise leben. Ich kann mich dem täglichen Streß, dem jeder von uns in irgendeiner Form ausgesetzt ist, unterwerfen und mehr und mehr Energie an all diese Hektik abgeben. So viele, viel zu viele Menschen tun das täglich.

Wie viele Menschen verzichten auf ihre Essenspausen, arbeiten bis spät in die Nacht und erledigen dann oft noch die häuslichen Aufgaben, wenn sie total erschöpft nach Hause kommen? Dann legen sie sich schlafen, ohne an diesem Tag irgend etwas getan zu haben, was der Seele guttut. Kein Wunder, daß irgendwann sowohl Körper als auch Seele rebellieren und sich der Mensch ausgebrannt fühlt. Wo bleibt bei einer solchen Lebensweise die Lebensqualität, die Lebensfreude? Der Alltag – das sind für mich die kleinen Freuden, die ich jeden Tag neu genießen kann – auch wenn ich einen ausgefüllten Stundenplan habe. Es kommt allein darauf an, wie ich meinen Tag im All angehe.

Das Allerwichtigste ist mit dem poetischen Satz von Seneca »Umarme jede Stunde« schon gesagt. Horaz drückt es ein wenig sachlicher aus: »Carpe diem«, nutze den Tag.

Beide meinen genau dasselbe: Statt jede Stunde, jeden Tag ungenutzt und wenig genießend verstreichen zu lassen und damit zu verschwenden, muß ich jede Stunde für sich, jeden einzelnen Tag intensiv leben, ja eigentlich so, als sei es der letzte. Ich muß auch die kleine Zeiteinheit Stunde wert nehmen und nicht nur in Wochen, Monaten und Jahren denken.

Im Augenblick muß ich leben, denn der Augenblick ist alles, was ich habe. Dieser Augenblick jetzt ist so, wie ich ihn mir geschaffen habe, und so ist er gut. Die Zukunft ist sowieso nicht bis ins letzte planbar, denn wer weiß denn, was in drei Monaten, in fünf Jahren ist, und wer weiß, wie ich dann bin, wie ich denke, ob ich noch genauso fühle wie heute. Wenn ich etwas aus meiner Krankheit gelernt habe, dann, daß alles anders kommen kann, als ich vielleicht geplant habe.

Jeder Tag, jede Stunde, jeder Augenblick hat seinen Wert, hat seine Bedeutung und will *gelebt* werden, nicht bloß verbracht oder hinter sich gebracht. Und dafür muß mir der Augenblick bewußt werden, ich muß bewußt durch meinen Tag gehen, mir muß bewußt werden, was ich täglich, stündlich tue. Wissen Sie, früher waren viele meiner Entscheidungen von dem Gedanken an die Zukunft bestimmt, welche Auswirkungen sie wohl haben könnten und so weiter. Irgendwann sagte mir dann eine Freundin, als ich mich gerade mit der überaus schwierigen Frage beschäftigte, ob ich von München nach Zürich umziehen sollte: »Sieh das Ganze doch einmal unter dem Gesichtspunkt an: Jeder Tag ein Abenteuer!« Dieser Satz hat mich seither begleitet, er ist einer meiner Lieblingssätze. Wenn ich nämlich von der Prämisse ausgehe, daß jeder Tag ein neues Abenteuer sein kann, dann verharre ich auch nicht auf meinem Sicherheitskissen daheim, dann wage ich mich an Veränderungen heran, dann, ja dann erscheint mir auf einmal mein Alltag so spannend wie ein Thriller.

Ich kann mich frei machen von allerlei unsinnigen Ängsten, wie zum Beispiel der, wie das Leben in Zürich wohl aussehen mag und welche Probleme möglicherweise auf mich warten werden, und kann mich leichten Herzens auf ein neues Abenteuer freuen. Mir ist bewußt, daß diese Gedanken für viele von Ihnen, die sehr sicherheitsbewußt sind, sehr weit gehen. Doch wenn wir ehrlich sind, was in unserem Leben ist denn sicher? Sicherheit – das gibt es doch gar nicht wirklich. Und wenn ich Millionen auf der Bank habe, dann bin ich genausowenig sicher wie ein Sozialhilfeempfänger, ja wahrscheinlich bin ich viel unsicherer und weniger selbstsicher, weil ich das Geld als Netz und doppelten Boden nötig habe.

Sicherheit finde ich nur in mir, Freiheit finde ich nur in mir. Meine Therapeutin pflegt Menschen, die Angst um ihren Job haben, immer zu sagen: »Warum machst du dir Sorgen? Du hast doch zwei Hände, mit denen du arbeiten kannst.« Das stimmt: Wenn wir selbst uns nicht Sicherheit genug sind, wenn wir Geld, Macht oder andere Menschen brauchen, damit wir uns sicher fühlen, dann leben wir bereits in der Hölle der Unsicherheit, in die wir uns selbst plaziert haben. Und wir glauben dann nicht an unsere eigenen Fähigkeiten, an unsere zwei Hände, unsere Wunderwerke.

Wie sieht denn ein Leben aus, wenn ich immer nur den sicheren Weg gegangen bin? Wo bleibt dann seine Würze, seine Freude? Und woran erinnere ich mich an seinem Ende? An die Freude, die mir mein Geld bereitet hat? An die Sicherheit, die mir mein Bankkonto gibt? Oder immer der gleiche Job? Oder tagaus, tagein das gleiche Leben?

Wie piratenmäßig interessant, wie draufgängerisch, wie spannend klingt dagegen: »Jeder Tag ein Abenteuer!« Und wenn ich danach lebe, dann klingt es nicht nur so, dann ist es so. Mit dem Streben nach Sicherheit hindern Sie sich selbst am Leben, Sie sperren sich in das Gefängnis der Vergangenheit, dessen, was Sie schon wissen, denn Ängste um meine Sicherheit kann ich nur durch Erfahrungen in der Vergangenheit gesammelt haben. Weitergehen, Fortschritt, Neues, Erfolg ist nur dann möglich, wenn ich mir selbst zutraue, den unsicheren Weg zu gehen.

Deepak Chopra sagt, wenn zwei Wege vor dir liegen, wähle immer den, der unsicherer ist. Bekennen wir uns nämlich zu der Weisheit der Unsicherheit, können wir alles in unserem Leben erschaffen, weil wir nicht begrenzt sind von dem, was wir wissen.

Ein Zauberwort in unserem Alltag heißt also Unsicherheit. Das andere heißt Zeit.

Zeit ist einer der Schlüssel zu der geheimnisvollen Welt der Indianer. Indianer haben eine ganz eigene Vorstellung von dem, was wir unter Zeit verstehen. Viele füllen ihre Zeit mit Geschichten, Prophezeiungen, Legenden und Mythen. Sie tragen ein Universum an Weisheiten mit sich. Einen in sich geschlossenen Kreis von Erfahrung und Glauben, mit dem sich das Leben verstehen läßt. Ein austariertes Bild von der Welt, von der Natur, von den kleinen Dingen und den großen. Es ist dies eine überschaubare Welt, eine ruhige und zufriedene Welt, eine stille meist. So begehrenswert ist diese Welt, daß sich Abertausende danach sehnen. Eine richtige Kultbewegung ist entstanden, nur ist natürlich eine Kultbewegung auch nicht das, was uns dieser Welt wirklich näherbringt. Gerade das Verhältnis der Indianer zur Zeit ist beispielhaft. Zeit ist relativ. Ich kann mich von ihr bestimmen und tyrannisieren lassen oder mit und in ihr gedeihen. Die Hopi-Indianer nennen unsere Zeit »Koyaanisquatsi«: Zustand im Ungleichgewicht, strebend nach Gleichgewicht. Ich finde, dies beschreibt sehr gut unser Verhältnis zur Zeit, wir befinden uns nämlich mit ihr im Ungleichgewicht, auch wenn wir nach Gleichgewicht streben. Um im Gleichgewicht mit der Zeit zu sein, unterwerfen wir uns ihr viel zu sehr. Natürlich will ich hier nicht propagieren, daß niemand mehr Termine machen und sie einhalten sollte. Nur dürfen wir das Leben, den Alltag, Carpe diem dabei nicht vergessen, und das ist es wert, daß ich auch einmal auf einen Termin verzichte. Ein Dakota-Indianer sagt zum Beispiel über das Internet, daß er alles und jeden damit erreichen könne: »Aber es sagt mir nicht, warum das Leben lebenswert ist.« Das liegt auf der gleichen Ebene wie unsere Beziehung zur Zeit. Die Dakota-Indianer haben gar kein Wort für Zeit. Wann kommt der Häuptling?

»Er wird hier sein«, ist eine gute Antwort, »Er versucht zu kommen«, wäre eine schlechte. Aus Vergangenheit und Zukunft wird in der indianischen Welt die Gegenwart genährt. Die ökologische Katastrophe ist für die Indianer kein Schreckensbild von morgen, sondern Realität heute. »Die nächste Generation blickt uns bereits an«, sagt ein Dakota. »Wir sind die Vorfahren der Ungeborenen, also sollten wir uns dieser Verantwortung bewußt sein. Das ist Indian Time.« Oder wie ein Irokese einmal gesagt hat: »Mit Uhren kennen wir uns nicht aus. Wir tun die Dinge dann, wenn wir bereit sind.«

Ist Ihnen bewußt, daß das bei uns genau umgekehrt ist? Wir tun die Dinge nicht dann, wenn wir bereit sind, sondern dann, wenn die Uhr sie uns vorschreibt. Wir »zivilisierten« Menschen unterwerfen uns vollkommen dem Diktat der Uhr. Und vergessen dabei das Leben.

Kennen Sie die Szene in »Der kleine Prinz« von Antoine de Saint-Exupéry, in der der kleine Prinz den Planeten eines Geschäftsmannes besucht? Der tut tagaus, tagein nichts anderes als Sterne zählen, die er besitzt, und sagt dauernd: »Ich habe soviel Arbeit. Ich gebe mich nicht mit Kindereien ab. Ich bin ein ernsthafter Mann. Ich habe nicht Zeit, herumzubummeln.«

Dann fragt der kleine Prinz, was der Geschäftsmann denn mit den Sternen, die er besitze, mache.

Und der antwortet: »Ich kann sie auf die Bank legen. Das genügt.«

Finden Sie nicht auch, das diese Geschichte symptomatisch ist für viele in unserer Welt? Wie viele von uns rennen solchen Werten hinterher? Und begnügen sich als Ergebnis mit einem gesättigten Bankkonto? Wo bleibt da Carpe diem?

Ein englischer Freund, der für eine große Brokerfirma tätig ist und sehr viel Geld verdient, sagte uns einmal, daß sich seine tägliche Lebensqualität bemerkenswert gebessert habe, seit er sein Lunchbrot nicht mehr im Büro vor dem Computerbildschirm einnehme, sondern sein Brot in ein Café um die Ecke mitnehme und dort einen Kaffee dazu trinke. Ich frage mich wirklich, wie seine Lebensqualität vorher aussah. Und wann er all sein Geld ausgibt. Sogar, wenn er zum Essen eingeladen ist, muß er von Zeit zu Zeit die Kurse verfolgen, damit nichts passiert.

Also sollten wir anfangen, uns jeden Tag ein wenig Zeit für uns selbst zu nehmen, und wenn es nur fünf Minuten sind, Zeit, in der ich etwas tue, was der Seele guttut. Sei es, daß ich mich einfach hinlege und nichts tue und die Seele baumeln lasse, sei es, daß ich etwas tue, was ich schon immer mal tun wollte, aber nie die Zeit dafür fand, sei es, daß ich Klavier spiele oder male oder singe, sei es, daß ich mit meinem Hund herumtolle, mit meinen Kindern spiele oder mit meinem Mann ein gutes Gespräch habe, irgend etwas, was mir am Abend, wenn ich schlafengehe, die Gewißheit gibt: Dieser Tag war wert, gelebt zu werden.

Und das sollten wir für jeden unserer Tage mit ja beantworten können: Ja, dieser Tag war wert, gelebt zu werden, denn ich habe ihn genutzt, ich habe etwas daraus gemacht. Carpe diem, das war nicht nur ein leeres Wort für mich.

DAS KÖNNEN SIE TUN

**Ich bringe Freude in meinen Alltag
durch das Leben im Augenblick.**

① Machen Sie den Satz »Carpe diem« zu Ihrem Tagesmotto. Gehen Sie bewußt durch jeden Moment. Nehmen Sie sich jeden Tag mindestens zehn Minuten Zeit *nur* für sich.

② Machen Sie sich nicht zum Sklaven Ihrer Uhr, sagen Sie sich vor allen Dingen immer: »Ich habe die Zeit, die ich brauche.«

③ Machen Sie aus jedem Tag ein Abenteuer. Planen Sie nicht alles Jahre voraus, leben Sie im Augenblick, er ist alles, was Sie haben.

④ Wagen Sie sich an die unsicheren Wege heran. Sagen Sie sich: Okay, der Weg ist unsicher, bietet aber auch mehr Möglichkeiten. Warum ihn nicht versuchen? Erkennen Sie, daß es wirkliche Sicherheit nicht gibt, wenn Sie sie nicht in sich tragen. Geld und Macht geben nur scheinbare Sicherheit, die sich von heute auf morgen in Schaum auflösen kann.

Freundschaft

>»Du wirst immer mein Freund sein.
Du wirst Lust haben, mit mir zu lachen. Und du
wirst manchmal dein Fenster öffnen,
gerade so, zum Vergnügen ... Und deine Freunde
werden sehr erstaunt sein, wenn sie
sehen, daß du den Himmel anblickst und lachst.«

Antoine de Saint-Exupéry, »Der kleine Prinz«

Mein Vater hielt bei unserer Hochzeit die Braut-
rede, und geblieben sind mir seine Gedanken
zur Freundschaft: Pflegt eure Freundschaften. Achtet
eure Freunde, investiert in eure Freundschaften.
Was ist ein Freund für mich?
»Wenn ich von Freundschaft spreche, so meine ich
zwei Seelen, die sich so harmonisch miteinander verbinden, daß man hinterher keine Nahtstelle mehr erkennen kann. Wenn ihr mich zwingen wollt zu sagen,
warum ich einen Freund liebe, so kann ich es mit
Worten nicht anders ausdrücken als so: Weil er es ist,
und weil ich es bin.« So definiert Michel de Montaigne für sich Freundschaft, und ich denke genauso.
Nie wußte ich, warum gerade ein bestimmter Mensch
mir gleich beim Kennenlernen sympathisch war.
Genau wie Michel de Montaigne könnte ich Ihnen
nicht erklären, warum ich meine beste Freundin liebe.
Ich glaube, daß es wie in der Liebe eine Art Chemie
zwischen zwei Menschen gibt, die sie aneinander bin-

det. Natürlich hat Freundschaft, ganz wie mein Vater sagte, auch etwas damit zu tun, wie ich mit ihr umgehe, ob ich meinen Freund achte, und was ich mit ihm teile. Achtung vor dem Freund, das heißt für mich vor allem, daß ich keine Spielchen spiele und mich so gebe, wie ich wirklich bin. Denn das ist es doch, was Freundschaft ausmacht: daß mein Freund mich so mag, wie ich wirklich bin, ohne Maske, ohne Rolle, ohne Falsch.

Wie herrlich ist es doch, mit einem echten Freund Spaß zu haben, lachen zu können, ja richtig albern zu sein. Ich glaube, ich kann mit niemandem so albern sein, so kichern wie mit meiner Freundin. Irgendwie habe ich das Gefühl, daß ein Freund manches Verhalten toleriert, das nicht einmal ein Partner gutheißen würde. Deshalb ist für mich auch die Freundschaft als Ergänzung der Partnerschaft so wichtig. Sie nehmen einander nichts weg, sondern bereichern sich.

Es geht ja auch gar nicht nur darum, gemeinsam Dinge zu erleben, es ist nicht einmal nötig, daß man sich jeden Tag sieht. Seit ich nach Zürich umgezogen bin, sehe ich meine Freundin viel weniger, und obwohl ich sie oft schrecklich vermisse, ändert dies nichts an unserer Vertrautheit. Auch am Telefon kann man sich nah sein, und wir verbringen zweimal im Jahr ein Wochenende nur für uns »Girls« in London, während unsere Männer die Kinder hüten.

Und selbst das ist es nicht, was eine echte Freundschaft ausmacht. Auch in unguten Lebenssituationen einen wahren Freund haben, das ist, was Freundschaft wirklich ausmacht. Ihn nicht zu verlassen, auch wenn er Dinge tut, die wir nicht verstehen, die wir anders machen würden. Nicht Reißaus nehmen, wenn es brenzlig wird, sich nicht distanzieren, wenn der Freund vor einem echten Problem steht. Oscar Wilde hat einmal gesagt: »Gäbe einer meiner Freunde ein Fest, ohne mich einzuladen – es würde mich nicht im geringsten kränken. Ich kann mich auch ganz gut alleine amüsieren ... Aber hätte einer meiner Freunde Kummer und weigerte sich, diesen mit mir zu teilen, würde ich das als sehr bitter empfinden. Versperrte er die Tür seines Hauses der Sorgen vor mir, ich käme ein um das andere Mal zurück und bäte um Einlaß, um mit ihm zu teilen, was zu teilen mir zusteht. Wenn er glauben würde, ich sei unwürdig, mit ihm zu weinen, wäre das für mich die schlimmste Demütigung und die schrecklichste Schande, die mir zugefügt werden kann.«

Natürlich braucht es in solchen Situationen immer zwei: Einen, der Hilfe oder das Teilen und Mitteilen der Sorgen anbietet, und einen, der darum bittet oder es mindestens annimmt.

Beides erfordert das Bewußtsein einer Freundschaft, die über ein oberflächliches Sich-Mögen hinausgeht.

Als ich 1994 ins Krankenhaus kam, hatte ich meiner Freundin (und erst recht fast allen anderen Freunden) zunächst nichts gesagt, ich hatte sie nicht angerufen. Als sie schließlich durch einen Anruf bei mir von meiner Mutter erfuhr, was los war, war sie richtig böse mit mir, daß ich sie nicht früher angerufen hatte, und ich muß heute sagen, sie hatte vollkommen recht. Das Problem lag bei mir: Genau wie bei meinen Kindern hatte ich bei ihr erwartet, daß sie sich distanziere, und genauso wie bei meinen Kindern war ich komplett auf dem Holzweg. Sie zeigte sehr rasch, daß sie sich einlassen wollte, daß sie eine Lösung suchte, ja, ich hatte das Gefühl, daß ihr auch für sich selbst daran gelegen war, daß ich es schaffte. Sie wollte mich behalten, und sie tat alles, was sie konnte, damit es mir besser ging. Als ich wegen der Strahlentherapie keinen Hunger hatte, zankte sie so lange jeden Morgen am Telefon mit mir, bis ich Essensvollzug gemeldet hatte, sie brachte mir all meine Lieblingsspeisen mit, nur damit ich aß. Das tat auch meine Mutter für mich, von meiner Freundin hatte ich jedoch diesen Einsatz nicht erwartet (eine grandiose Fehleinschätzung, wie sich zeigte). Und sie tat etwas, was in dieser Situation bisher keiner getan hatte: Sie zankte mit mir und hielt mir meine Fehler und Irrtümer rückhaltlos vor Augen, anstatt mich in Watte zu packen.

Ich glaube, es war genau in dieser Situation, daß sich unsere Freundschaft wandelte, das sagt auch sie selbst, es war diese Situation, die uns klarmachte, was wir aneinander hatten, die uns einander auf einen Schlag ganz nahe brachte. Wir hatten uns immer schon viel erzählt, aber so offen miteinander waren wir vorher nie gewesen.

Dabei stellte sich schnell heraus, daß wir, was eine Lösung anging, der gleichen Meinung waren. Ja, sie war es, die mir den Kontakt mit der Therapeutin vermittelte, die mir schließlich die Augen öffnete.

Ich vertraue heute darauf, daß sich energetisch immer die Menschen finden, die sich in dem Moment finden sollen, die etwas voneinander lernen sollen. Wie die Beziehungen mit unseren Freunden dann ablaufen, wohin sie sich entwickeln, das liegt ausschließlich in unseren Händen und denen unserer Freunde.

Unsere Freunde geben uns die Möglichkeit, emotional zu wachsen.

In der Basis hängt emotionales Wachstum und alles, was damit einhergeht – Sensor für die Gefühle anderer, Mit- und Einfühlungsvermögen, Mitteilen meiner eigenen Gefühle – jedoch zunächst wieder einmal von mir selbst ab. Kein Freund wird sich mir gegenüber öffnen, wenn ich mich nicht öffne, kein Freund wird mir Mitgefühl zeigen, wenn ich dies bei ihm nicht kann, kein Freund wird auf Dauer geben, wenn ich nicht dazu bereit bin.

Dabei versteht sich Geben nicht als Geben auf der materiellen Ebene, sondern auf der emotionalen. Den Menschen, an denen mir wirklich etwas liegt, sollte ich so oft wie irgend möglich (sagen wir als Zielhorizont einmal pro Woche) etwas geben, sei es ein Telefonanruf, ein Brief, ein gemeinsames Abendessen, ein Einkaufsbummel, ein langes Gespräch, irgend etwas, was ausdrückt: »Ich denke an dich«, »Du fehlst mir«, »Ich mag dich«.

Um aber in dieser Weise emotional geben zu können, muß ich gütig mit mir selbst umgehen und mir selbst mein bester Freund sein. Ich sollte mir nie den erhobenen Zeigefinger zeigen und meine Fehler als das nehmen, was sie sind: Erfahrungen, aus denen

195

ich lernen kann und soll. Ansonsten sind Fehler Geschichte.

Deepak Chopra ist der Ansicht, daß ich täglich allen Menschen, denen ich begegne, etwas geben sollte, sei es ein Lächeln, ein Kompliment, ein anerkennendes Wort. Denn, so sagt er, unser Universum funktioniert über einen dynamischen Austausch und ist nicht statisch. –

Geben und Empfangen sind nur verschiedene Aspekte des Energieflusses im Universum. Jede Beziehung ist bestimmt von Geben und Nehmen. Geben erzeugt Nehmen, und Nehmen erzeugt Geben, und beides ist energetisch dasselbe.

Je mehr ich gebe, an Freunde und Mitmenschen, desto mehr bekomme ich auch, wie auf den Schalen einer großen Waage muß dies energetisch ausgeglichen sein. Alles, was in unserem Leben wertvoll ist, multipliziert sich, wenn es gegeben wurde. Wenn ich jedoch etwas gebe und habe dabei das Gefühl von Verlust, habe ich nicht ehrlich gegeben und werde deshalb auch nichts empfangen, denn wenn ich zögernd gebe, ist keine Energie hinter der Gabe. Was wir oft bei Geschenken, die uns nicht so hundertprozentig gefallen, sagen, enthält viel Wahres: Es ist die Absicht, die zählt. Die Absicht sollte immer sein, dem anderen, aber auch mir selbst Freude und Glück zu bereiten. Das ist der eigentliche Sinn des Gebens. Der Akt des Gebens muß voller Freude sein. Will ich Freude, muß ich Freude geben, will ich Anerkennung, muß ich sie geben.

Der einfachste Weg zu bekommen, was ich ersehne,

ist, daß ich alles, was ich ersehne auch anderen gönne und ihnen helfe, es zu bekommen.

Und hier ist ein Punkt, an dem sich Freundschaften und soziale Kontakte oft scheiden: Wir Menschen gönnen den anderen oft nicht die Butter auf dem Brot. Anderen genausoviel zu gönnen wie mir selbst scheint ein Ding der Unmöglichkeit zu sein.

Statt dessen leben wir in einem ständigen Konkurrenzkampf, in dem möglichst der eine den anderen überflügeln muß.

»Es gibt nur wenige Menschen«, sagt Aischylos, »die einen Freund auch dann noch neidlos lieben können, wenn dieser sich im Glück befindet.«

Und alles, was ich anderen nicht gönne, werde ich auch selbst nicht bekommen. Wieviel Energie kosten solch unnütze Konkurrenzkämpfe, und was kommt dabei heraus? Daß ich eine kleine Weile scheinbar besser bin als der andere? Wie arm bin ich, wenn ich Energie daraus ziehen muß, besser als jemand anders zu sein? Sogar der bloße Gedanke des Gebens, ähnlich wie ein Gebet, hat schon die Kraft, andere zu erreichen und zu beeinflussen. Wenn Sie lernen, das zu geben, was Sie selbst auch suchen, aktivieren Sie genau die Energie, die nötig ist, um diesen Wunsch, eben nicht aus egoistischen Gründen, in Ihrer Welt einzuführen. Sie werden sehen, nur so werden Sie auch sich selbst beschenken.

Auf die Freundschaft bezogen, liegt deren Freude und Gelingen darin, was uns Ralph Waldo Emerson mit einem Satz verdeutlicht: »Der einzige Weg einen Freund zu haben, ist, selbst einer zu sein.«

DAS KÖNNEN SIE TUN

**Ich bringe Freude in meine Freundschaften,
wenn ich ganz ich selbst bin, keine Rollen mehr
spiele und andere Menschen anerkenne.**

① Geben Sie sich Ihren Freunden gegenüber so, wie sie sind, und spielen Sie ihnen keine Rollen vor. Nehmen Sie Ihre Maske ab, und trauen Sie sich, ganz Sie selbst zu sein. Nichts anderes erwarten auch Sie von ihnen.

② Gehen Sie offen für andere Menschen durch die Welt. Was kostet es, anderen, selbst wenn Sie sie nicht kennen, ein Lächeln oder ein anerkennendes Wort zu schenken? Sie werden sehen, wie solche Geschenke wieder zurückkommen und wieviel Freude Ihnen das in jedem Augenblick der Begegnung mit anderen bereitet.

③ Die Kehrseite des Gebens ist das Nehmen. Nehmen Sie die Geschenke, die Ihnen andere Menschen machen, an.

④ Wenn Sie etwas ersehnen, wünschen Sie es zunächst auch anderen. Dann wird es auch zu Ihnen kommen. Gönnen Sie all Ihren Mitmenschen Freude und Glück.

Beruf, Karriere

»Onkel, darf ich dich fragen, warum du
so erfolgreich bist – im Beruf und im Leben?«
Der Onkel lächelte und sagte:
»Meinst du inneren oder äußeren Erfolg?«
Der junge Mann gab zu: »Ich bin nicht sicher.«
»Das ist ein guter Anfang«, sagte der Onkel.

Spencer Johnson, »Der Minuten-Manager«

Beruf und Karriere – jeder von uns kennt die möglichen Tücken und die Problematik dieses Lebensbereiches. Wissen Sie, wie unser Sohn Lucas die berufliche Tätigkeit meines Mannes einmal bezeichnete? Er nannte sie »Uhrzeitspiele«. Bei genauerem Hinsehen stimmt das, finde ich. Nirgendwo unterwerfen sich die Menschen der Uhr mehr als im Beruf, und mein Sohn hat ganz richtig den Wert dieses Faktums gleich mit angegeben, denn was ist Beruf und vor allem Karrierestreben mehr als ein gigantisches Spiel? Ich glaube, eine der größten Tücken ist die Berufswahl selbst und die Gründe, aus denen sie erfolgt.

Dafür bin ich selbst ein recht gutes Beispiel. Als mein Abitur näherrückte, dachte ich, mein absoluter Traumberuf sei es, Ärztin zu werden. Ich hatte auch schon einige Praktika absolviert und die Aussicht gefiel mir – so dachte ich. Das große, schier unüberwindliche Hindernis war der Numerus Clausus, der 1979 so war, daß ich ca. fünf Jahre auf einen Studienplatz hätte warten müssen. Ich wartete ein Jahr, arbeitete währenddessen in unserem nahegelegenen Krankenhaus und wurde doch immer unzufriedener.

Ich wollte studieren, jetzt, nicht erst in fünf Jahren. Dabei fiel mir plötzlich auf, daß ich auch ganz gut andere Tätigkeitsfelder ins Auge fassen konnte, ja, daß bei näherem Hinsehen der Beruf des Arztes gar nicht mein Traum gewesen war, sondern der meiner Mutter, der sich für sie selbst nie erfüllt hatte. Ich hatte also den Traum meiner Mutter leben wollen, nicht meinen. Aber wenn nicht Arzt – was dann? Sehen Sie, das ist eben der springende Punkt.

Von den meisten unserer Jugendlichen wird nach der Schulzeit ziemlich adhoc und ohne daß ihnen viel Zeit oder praktische Auswahlkriterien gegeben werden, verlangt, daß sie sich klar sind, was sie beruflich machen möchten. Mangels Vorstellungskraft kommt dann, das ist statistisch belegt, meist der Beruf des Vaters, der Mutter oder der des Lehrers dabei heraus, da das Berufsbilder sind, mit denen der Schüler vertraut ist.

Und was glauben Sie, studierte ich?

Rechtswissenschaften, ich wurde Rechtsanwalt – wie mein Vater.

Erst heute ist mir klar, daß beides für mich nicht das richtige war. Und – mal ehrlich – gibt es etwas Schlimmeres, als Tag für Tag eine Tätigkeit auszuüben, die mich weder komplett ausfüllt noch meinem Talent entspricht?

Damit will ich nicht sagen, daß mir der Beruf des Rechtsanwaltes nie Spaß bereitet hat, es fehlte mir dabei jedoch eine wesentliche Komponente: die Kreativität, das musische Element.

Einen kreativen Beruf zu wählen, wie Innenarchitektin oder Musikerin oder Künstlerin oder Schriftstellerin, das wagte ich damals nicht. Alles, was ich nämlich von der Erwachsenenwelt hörte, wenn ich als Heranwachsende solche Absichten andeutete, war, daß damit doch kein Geld zu verdienen sei.

Ich möchte mir gar nicht vorstellen, wie viele junge Menschen sich dadurch von ihren Traumberufen verabschiedet haben. Hinter den Träumen verbirgt sich jedoch meines Erachtens oft auch das Talent. Natürlich können wir Fähigkeiten in allerlei Richtungen entwickeln, ich glaube, ich war auch kein schlechter Rechtsanwalt, aber mit und in meinem Beruf verbringe ich mehr Zeit als mit meiner Familie, und da sollte es doch der richtige sein.

Lassen wir deshalb unsere Kinder unbeeinflußt von uns den für sie richtigen Beruf finden. Mein Sohn Lucas, sieben Jahre alt, möchte beispielsweise Schauspieler werden.

»Und wenn er dann kein Geld verdient, wenn er erwachsen ist?« höre ich Sie fragen.

Er wird es verdienen, ich vertraue ihm. Jeder, der sein wirkliches Talent, seinen wirklichen Traum gefunden und zu seinem Beruf gemacht hat, wird mit soviel Begeisterung und Liebe bei der Sache sein, daß er sich auch davon wird ernähren können.

Innerer Erfolg ist der beste und einfachste Weg, um alles andere im Leben zu erreichen und zu genießen. Und inneren Erfolg kann ich, was meinen Beruf angeht, nur dann haben, wenn ich den für mich richtigen ausgewählt habe. »Und«, so werden Sie mich fragen, »was ist, wenn der Beruf schon gewählt und möglicherweise schon Jahre darin gearbeitet wurde, auch wenn er vielleicht nicht der Traumberuf war? Kann ich denn dann plötzlich noch alles herumwerfen und ganz neu anfangen?« Ich glaube, das hängt ganz von der jeweiligen Person ab. Grundsätzlich kann ich jederzeit von vorn anfangen, auch dann, wenn die Lebensumstände es scheinbar verbieten. Ich habe zwar meinen Beruf als Rechtsanwältin auf Eis gelegt und mache heute das, was ich als Kind und Leseratte immer schon machen wollte, ich schreibe, aber ich konnte diese Veränderung unbelastet von finanziellen Erwägungen in Angriff nehmen. Natürlich erfordert es eine Menge Mut, auch in mittleren Jahren, eventuell mit familiären Verpflichtungen, eine große Veränderung zu wagen. Ich will auch nicht sagen, daß es unabdingbar ist. Jeder muß für sich entscheiden, ob er mit der zu erwartenden Unsicherheit bei einem Neuanfang psychisch klarkommt. Ich persönlich favorisiere immer den unsicheren Weg, um all meine Fähigkeiten ausschöpfen zu können. Den unsicheren, aber dennoch den leichteren. Dies ist für mich nämlich auch einer der Grundsätze, die mit einem erfüllten Berufsleben einhergehen: Was auch immer Sie sich entscheiden, beruflich zu tun, es muß Ihnen leicht fallen, sie müssen es ohne Mühe und vor allem ohne Quälerei tun können. Ich weiß, gerade dieser Punkt stößt oft auf Widerspruch. Viele Menschen denken, je schwieriger der Weg zur Lösung einer Aufgabe, desto größer die Leistung. Ich kenne jemand, der Leistungen um so höher bewertet, je schwieriger die Aufgabe war; er sagt oft: »Wenn's einfach wäre, tät's der Pförtner.« Ich war dagegen schon immer der Ansicht, daß der leichtere Weg nicht nur der bessere, streßfreiere und schönere ist, sondern auch der richtige. Fällt mir nämlich etwas furchtbar schwer, bin ich nicht am richtigen Platz. Ich quäle mich. Fällt mir dagegen meine Arbeit leicht, dann deshalb, weil sie meinem Talent entspricht, einem Talent, das vielleicht niemand anderer auf der Welt hat. Nur dann ist es möglich, daß ich arbeite und dabei vollkommen das Gefühl für Zeit verliere, daß es mich gar nicht interessiert, wie lange ich arbeite, daß ich das, was ich tue, gar nicht als Arbeit empfinde, weil mein Geist mit mir tanzen geht. Geht Ihnen das so, sind Sie Ihrem Talent auf der Spur, Ihrer Bestimmung? Der Beruf an sich spielt dabei keine Rolle. Es kann genausogut der Beruf des Straßenfegers wie der des Topmanagers sein, genausogut der eines Malers wie der eines Buchhalters, solange er meinem wahren Talent entspricht. Mein Mann erzählte mir vor einiger Zeit, er habe auf dem Weg zur Arbeit einen Straßenfeger mit einem orangen Wagen gesehen, der die Straßen fegte. Mein Mann war erstaunt über die Leichtigkeit, die Freude und über das Bewußtsein der eigenen Wichtigkeit, mit der dieser Mensch seine Arbeit tat. Er spürte, daß dieser Mann am richtigen Platz arbeitete.

Das heißt nicht, daß ich den Weg des geringsten Widerstandes gehen muß und nicht für meine Überzeugungen einstehen sollte, es darf ruhig manchmal auch knallen, aber im Grundsatz muß mir das, was ich mache, leicht von der Hand gehen.

Der Einwand zählt nicht, daß die Aufgabe zu leicht gewesen sei. Nachdem mein erstes Buch herausgekommen war, hielt ich viele Lesungen. Nach einer dieser Lesungen schrieb eine Journalistin in der örtlichen Tageszeitung, daß das, was ich den Menschen im Zuge dessen, was ich selbst erfahren habe, übermittele, so einfach sei, daß es weh tue, auch wenn es bei mir funktioniert habe. Warum muß denn ein Weg unbedingt schwer sein? Soll er nur dann funktionieren können? Ich bin genau gegenteiliger Ansicht: Wir sollten alle nur die Wege gehen, die uns die wenigste Mühe machen. Sie können hin und wieder auch ihre Tücken haben, aber grundsätzlich sollten sie leicht sein und uns Spaß machen.

Auch unser Privatleben sollen wir so einfach wie möglich gestalten. Trennen Sie sich von allem, was Ihnen vor lauter Komplexität über den Kopf wächst. Das können Aufgaben sein, aber auch unbefriedigende Beziehungen. Ein Freund von mir, ein Unternehmer, akzeptiert im Umgang mit seinen Mitarbeitern nur soviel, wie er im Kopf behalten kann, er vereinfacht rigoros alle Vorgänge, bis sie diesem Erfordernis entsprechen, und fährt hervorragend damit. Ich glaube auch, daß viel zu viele Menschen der Meinung sind, daß sie um so mehr erreichen, je mehr sie arbeiten, je mehr sie Zeit einsetzen, je mehr sie sich bemühen. Dabei bin ich vom Gegenteil überzeugt: Ich glaube, daß ich viel mehr erreichen kann, wenn ich mich auf die wesentlichen Dinge konzentriere und die unbedeutenden so weit wie möglich vereinfache und eliminiere. Die Losung muß sein: Tue weniger und erreiche mehr.

Auch wenn Sie schon fest in Ihrem Beruf verankert sind und bleiben wollen, gibt es Möglichkeiten, mehr Freude daran zu haben und Erfüllung darin zu finden. Denn natürlich ist die richtige Auswahl nicht alles. Freude in meinem Beruf zu finden, was gehört dazu? Für die meisten ist Freude im Beruf untrennbar verbunden mit Erfolg, Macht oder Geld. Komisch daran ist nur, daß oft gerade diejenigen, die scheinbar großen beruflichen Erfolg haben, schon erkannt haben, daß das allein nicht glücklich macht, genausowenig wie das viele Geld, das sie damit verdienen. Woran liegt das? Ich denke, daß viele im Beruf sehr erfolgreiche Menschen ihren Beruf über ihre Familie und auch sich selbst und ihre Bedürfnisse stellen, ja sie ignorieren oft selbst die elementarsten Bedürfnisse, wie Schlafen oder Essen. Neulich las ich, daß für manche Menschen ein Tag ohne Termine ein verlorener Tag ist. Urlaub ist für sie eine Qual. Und länger als vier Stunden halten sie es im Bett nicht aus.

Das ist es eben: Es ist natürlich meine freie Entscheidung, wieviel ich arbeite, und natürlich kann ich auch als viel arbeitender Mensch glücklich und zufrieden sein – wenn ich meine eigenen Bedürfnisse berücksichtige, wenn ich mir für mich die Zeit nehme, die meine Seele braucht, denn nur so regeneriere ich mich und tanke Energie auf, nur so finde ich Freude auch bei viel Arbeit.

Wieviel Zeit brauche ich aber für mich, und wie finde ich das heraus? In seinem Buch »Der Minuten-

Manager« läßt Spencer Johnson einen jungen Mann, der sein Leben nicht sehr erfüllt findet, seinen Onkel fragen, wie der zu einem solch erfolgreichen Leben in allen Lebensbereichen gekommen sei. Der Onkel ist der Ansicht, er sei deshalb so erfolgreich, weil er mehr Wert auf seinen inneren Erfolg gelegt habe, indem er sich täglich zweimal eine Minute oder auch mehrere für sich selbst genommen habe und erkannt habe, daß das Wichtigste in seinem Leben sein Selbst sei. Er gibt seinem Neffen den Rat, sich immer nach dieser Minute die Frage zu stellen: Gibt es in diesem Augenblick einen besseren Weg, mit mir selbst besser umzugehen?

Ich habe das schon ausprobiert und finde, das ist eine wunderbare Gelegenheit, sich klarzumachen, was mir in diesem spezifischen Moment fehlt, ob ich Zeit für mich brauche, sei es, um eine halbe Stunde Klavier zu spielen, einen Kaffee zu trinken, sich einen Kuß beim Partner abzuholen oder was mir sonst für mich einfällt. Das können durchaus Bagatellen sein, etwa daß ich die Mittagspause um zehn Minuten ausdehne, aber selbst diese kleinen Dinge, die Sie nur für sich selbst tun, machen die ganze Differenz oft schon aus, weil Sie dabei das Gefühl haben, daß Sie selbst zählen.

Mangelnde Freude im Job hat oft etwas damit zu tun, daß die Menschen, die Kollegen untereinander und auch die Menschen von oben nach unten nicht miteinander auskommen. Kennen Sie das Schlagwort der Neunziger, das das Gegeneinander im Beruf betrifft? Mobbing! Es scheint bereits eine feste Institution geworden zu sein, nachdem es ein spezielles Wort dafür gibt.

Wenn ich mich in meinem Arbeitsalltag von Kollegen oder meinem Chef nicht gut behandelt fühle, ist dies jedoch in Wirklichkeit wieder einmal ein Zeichen dafür, daß ich mich selbst nicht gut behandle, daß ich entweder zu viel von mir selbst erwarte oder mich selbst zu hart beurteile oder auch, daß ich von meinen Kollegen oder einem bestimmten Projekt zuviel erwarte und dann natürlich enttäuscht werde. Statt dessen sollte ich einfach anerkennen, was geschieht, statt es dauernd mit dem zu vergleichen, was meiner Meinung nach hätte geschehen müssen. Ich mag mich erfolgreich fühlen, wenn ich bekomme, was ich will, aber ich fühle mich glücklich, wenn ich will, was ich bekomme.

Ich kann also Streß in meinem Berufsleben – und nicht nur dort – bedeutend verringern, wenn ich mir nichts zum Ziel setze, was ich gar nicht wirklich brauche. Ich finde, der folgende Satz eines kanadischen Indianers verdeutlicht das sehr schön: »Ich sitze in freier Natur am See. Die Weißen möchten, daß ich wie sie arbeite, wie sie viel Geld verdiene, wie sie ein Auto kaufe und wie sie in freier Natur, an einem See Urlaub mache und angle. Ich sitze schon in freier Natur, am See.« Manchmal geht uns nämlich vor lauter Erfolgs- und Karrierestreben das Gefühl für das, was wir wirklich zum Glücklichsein brauchen, verloren, und wir tun des Guten viel zuviel, verlieren den Blick für das Wesentliche.

Das Komische ist, je mehr ich mir die Zeit nehme,

auch einmal an mich selbst zu denken, desto mehr werde ich auch an andere denken können, je mehr ich mich selbst gut behandle, desto weniger aggressiv bin ich und behandle damit auch andere gut. Und je weniger aggressiv ich bin, desto mehr Energie habe ich, um meinen Beruf erfüllt und erfolgreich zu gestalten.

Ich bin heute der Ansicht, daß zu einem mich erfüllenden Berufsleben auch der Gedanke gehört, was ich der Gemeinschaft damit geben kann. Ich glaube, daß ich mich lösen muß von dem puren Ich-Gedanken: »Was springt für mich dabei heraus«, und mich fragen sollte, wie ich meine Fähigkeiten nicht nur für mich, sondern auch für andere fruchtbringend einsetzen kann. Schaffe ich es, diese Komponenten zu verbinden: mein wirkliches Talent zu finden, an meine Fähigkeiten zu glauben und mir meines Anteils in der Gemeinschaft der Menschen bewußt zu machen, dann werden mich nicht nur innerer, sondern auch äußerer Erfolg, nicht nur innerer, sondern auch äußerer Reichtum erreichen. Denn die äußeren Dinge sind die direkte Manifestierung der inneren.

Wenn wir alle – und nicht nur einige – dahin gelangen, daß wir uns fragen, was wir der Gemeinschaft mit dem, was wir tun, geben können, was glauben Sie, können wir erreichen! Das fängt an bei Glück und Wohlstand für alle und geht bis zum wirklichen Frieden, denn alle Kriege, die wir heute mitansehen müssen, sind ja auch nur Ausdruck der Ichbezogenheit von uns Menschen. Wenn jeder überlegen würde, was er der Gemeinschaft geben kann, wäre dafür gar kein

Raum. Was die meisten Menschen nämlich übersehen, ist, daß ich selbst auch meinen fairen Anteil erhalte, wenn ich etwas tue, was allen guttut. Handle ich aber aus reiner Ichbezogenheit, bekomme ich meist das Gegenteil von dem, was ich mir wünsche.

Hier kommt wieder einmal der Gedanke von Erfolg und Macht ins Spiel. Focussiere ich mich allein auf meinen Erfolg und meine Macht, bin ich im Grunde ein zutiefst unsicherer und ohnmächtiger Mensch, denn sonst hätte ich das gar nicht nötig. Und nur die Ichbezogenheit beschert mir dieses Erfolgs- und Machtstreben. Nicht daß solche Menschen nicht trotzdem das erreichen, was sie wollen, leider viel zu oft, aber ich bin der festen Überzeugung, daß sie irgendwann dafür bezahlen müssen, daß sie sich immer nur gefragt haben: »Was ist für mich drin?« Ich muß auch gestehen, daß mir der Gedanke an die Gemeinschaft früher reichlich egal war. Vielleicht war er mir auch einfach zu abstrakt. Erst heute ist mir bewußt, wieviel Freude ich mir selbst bereite, wenn ich das Gefühl habe, auch anderen etwas gegeben zu haben. Nie ist mir das so klar geworden wie nach meinem Buch »Leben«. So viele Menschen haben sich gemeldet und mir gesagt, wieviel Mut ihnen meine Geschichte gemacht hat, und das hat mich sehr gefreut. Ich hatte das Gefühl, noch nie in meinem Leben etwas so Sinnvolles getan zu haben, ich hatte mehr für andere Menschen getan als in meiner fünfjährigen Tätigkeit als Juristin.

Um wirklich das zu tun, von dem ich erkannt habe, daß es meine Bestimmung und Begabung ist, dazu bedarf es oft auch Mut: Mut, Fehlschläge zu überwinden;

Mut, bei der Stange zu bleiben und vor allem den Glauben an meine eigene Kraft.

Thomas Edison sagte noch vor der Erfindung der Glühbirne auf die Frage, ob ihn die vielen Fehlversuche nicht entmutigten: »Gar nicht. Ich habe eben tausendundvierzig Wege gefunden, wie man es nicht machen sollte.« Wer von etwas wirklich überzeugt ist, der glaubt an sich, allen Unkenrufen zum Trotz.

James D. Watson, der Entdecker der Struktur des Erbgutes, sagt, eine seiner Lebensregeln sei es, daß man, wenn man Erfolg haben wolle, immer etwas ausprobieren solle, was einem zunächst in Schwierigkeiten bringt. Hier haben wir ihn wieder – den unsicheren Weg. Hätte Watson den sicheren Weg gewählt, wäre er wahrscheinlich ein unbekannter Biologe geblieben und ein anderer hätte entdeckt, wie das Leben in seinem Kern gebaut ist. Auch Watson mußte, wie er selbst sagt, vor seiner Entdeckung ein paar höhnisch begrinste Bauchlandungen vollziehen. Aber er glaubte an sich, und deshalb schaffte er es schließlich auch.

Die Geschichte ist voll mit den Lebensläufen solcher Menschen, die nur deshalb einen großen Schritt für die Menschheit vollzogen, weil sie sich nicht entmutigen ließen und an sich und ihre teilweise revolutionären Ideen glaubten.

Letzte Woche sah ich einen Film über die Anfänge der Nachrichtenagentur Reuter. Als Nachrichten noch mit Telegraphen übermittelt wurden und überall noch Lücken im Nachrichtennetz bestanden, suchte Reuter diese Lücken mit seinen Brieftauben zu schließen. Am Anfang wurde er müde belächelt und keine Bank

210

wollte sein Vorhaben finanzieren. Er aber gab nicht auf, glaubte an sich und ging keinerlei Kompromisse ein. Vor allen Dingen wehrte er sich dagegen, daß einige Bankiers ihm Geld nur dann geben wollten, wenn er ihnen seine Nachrichten (die teilweise auch die Börse betrafen) exklusiv und zuerst übermittelte. Er war nämlich der Ansicht, daß Nachrichten jedermann zustünden und nicht nur einigen Auserwählten. Sehen Sie ihn, den Gedanken zum Wohl der Gemeinschaft? Allen Zweiflern zum Trotz gelang es ihm schließlich, seine Nachrichtenagentur, die heute noch eine der größten ist, zu etablieren, auch wenn er viele dürre Jahre hinter sich bringen mußte. Er glaubte an seine Idee, und das allein trug sie.

An sich glauben, das ist das eine, kreativ an der Umsetzung einer Idee arbeiten das andere. Das heißt auch einmal, neue Wege zu beschreiten, andere Lösungsmöglichkeiten zuzulassen, sich nicht immer in den gleichen Gleisen zu bewegen. Sagen Sie mir nicht, Sie seien nicht kreativ. Kreativität steckt in jedem von uns, wir müssen sie nur wiederfinden und zulassen. Kreativität zeigt sich ja nicht nur in den typisch kreativen und künstlerischen Berufen, kreativ kann ich in der Ausübung jedes Berufes sein. Dinge ausprobieren oder mal von der gegenteiligen Seite betrachten, neue Impulse begrüßen, offen sein für ungewöhnliche Wege – all das ist kreativ.

Und noch eines: Setzen Sie sich selbst nicht zu sehr unter Druck. Der Streß, den wir spüren, kommt nicht von außen, wir machen ihn uns fast immer selbst. Und dieser Streß, dieser Druck ist es, der uns erstens daran hindert, das zu leisten, was wirklich in uns ist, der uns zweitens die Freude an dem, was wir erreichen, nimmt und der uns Energie nimmt und uns letztlich krank macht. Also denken Sie nicht, es ginge nicht auch einmal einen Nachmittag ohne Sie, und wenn der Druck zu groß wird, nehmen Sie sich eine Aus-Zeit, verschieben ruhig einmal etwas auf den nächsten Morgen und tun etwas nur für sich. Sie werden sehen, wie frisch Sie am nächsten Morgen wieder für Ihre Arbeit sein werden, und wieviel mehr Freude sie Ihnen wieder macht.

Das können SIE tun

**Ich bringe Freude in meinen Beruf,
wenn ich, ungeachtet von Erfolg und Macht, mein
wirkliches Talent finde und darauf
meinen Beruf und meine Karriere aufbaue.**

① Erkennen Sie, daß der Hauptgrund für Erfolg im Beruf nicht äußerer, sondern innerer Erfolg ist.

② Machen Sie eine Liste von dem, was Sie als Ihre wirklichen Talente betrachten. Denken Sie darüber nach, bei welcher Tätigkeit Sie das Zeitgefühl verlieren und sie gar nicht als Arbeit auffassen. Fragen Sie sich, ob Sie daraus einen Beruf machen wollen. Glauben Sie an sich und Ihre Fähigkeiten.

③ Vereinfachen Sie Ihr Leben, und befreien Sie sich von allem, was kompliziert und unnötig ist.

④ Halten Sie während Ihres Arbeitstages manchmal

inne, hören Sie in sich hinein und fragen Sie sich: »Gibt es in diesem Moment einen besseren Weg, mit mir selbst besser umzugehen?«

⑤ Wenn Sie das Gefühl haben, einen Weg gefunden zu haben, gehen Sie ihn.

⑥ Statt lediglich darüber nachzudenken, was im Beruf für Sie selbst »drin« ist, überlegen Sie, was Sie der Gemeinschaft damit geben können, wie Sie anderen etwas geben können.

So schön ist dann das Leben!

So seh ich in allen
Die ewige Zier,
Und wie mir's gefallen,
Gefall ich auch mir.
Ihr glücklichen Augen,
Was je ihr gesehn,
Es sei, wie es wolle,
Es ist doch so schön!

Johann Wolfgang von Goethe,
»Lied des Türmers Lynkeus«

Die Hinwendung zum Selbst, der Mut zum Selbst, das Anfangen bei mir selbst, das Ruhen in mir selbst, das Annehmen meiner Selbst in Liebe ist es, was Freude in mein Leben und damit auch in das Leben anderer bringt. Sie haben es in allen Kapiteln dieses Buches gesehen.

Hier im Resümee möchte ich Ihnen noch eine konkrete Hilfe mitgeben, eine Hilfe dafür, wie Sie sich Freude bei jeder Entscheidung, die Sie treffen, selbst geben können. In jedem Lebensbereich, jeden Tag und jede Stunde stehen wir vor mehr oder weniger bedeutenden Entscheidungen, unser Leben wird von Entscheidungen, die wir treffen, bestimmt.

Unsere Entscheidungen werden immer von den zwei grundlegenden Emotionen in unserem Leben motiviert. Diese zwei Emotionen sind auf der positiven Seite Liebe, auf der negativen Seite Angst. Wann immer ich also eine Entscheidung zu treffen habe, wann immer es mir bewußt ist, daß ich vor einer Entscheidung stehe oder gerade eine getroffen habe, sollte ich mich fragen, ob diese Entscheidung (oder auch ein bestimmtes Verhalten) aus Liebe (zu mir selbst oder zu anderen) oder aus Angst (vor anderen oder vor bestimmten Konsequenzen) erfolgt.

Sie werden wahrscheinlich wie ich geschockt sein, wie viele Entscheidungen im Grunde angstgetrieben sind und wie wenige von der Liebe bestimmt. Dabei – versuchen Sie es einmal – fühle ich mich viel glücklicher und zufriedener, wenn meine Entscheidungen von Liebe getragen werden, denn Liebe heißt, daß ich in Einheit mit allem und allen, die existieren, bin.

Ich will Ihnen ein Beispiel für den Unterschied zwischen angstgetrieben und von Liebe bestimmter Entscheidung geben. Nach unserer Ausbildung, als wir gerade anfingen zu arbeiten, hatten mein Mann und ich natürlich wenig Geld. Eines Tages sah ich eine Sendung am Fernsehen, die für Patenschaften für Kinder in der dritten Welt warb. Ich sagte zu meinem Mann: »Laß uns doch so eine Patenschaft übernehmen. Sie kostet dreißig Mark im Monat.« Mein Mann sagte daraufhin: »Laß uns doch lieber noch ein Jahr damit warten, bis sich unsere finanzielle Situation stabilisiert hat«. Vom Vernunftstandpunkt war das eine logische und folgerichtige Entscheidung von ihm, aber sie war motiviert von der Angst um stabile Finanzen, sie war angstgetrieben. Wenn ich in einem Moment, in dem ich selbst über meine finanzielle oder auch emotionale Lage nicht sicher und beruhigt bin, Geld oder Zeit trotzdem weggebe, macht mir das klar, daß ich keine Angst habe, denn dann glaube ich fest daran, daß ich immer genug haben werde, um es mit anderen zu teilen. Und da haben Sie dann auch gleich das Beispiel für eine Entscheidung, die von Liebe bestimmt ist: Wenn ich nämlich trotz eigener finanzieller Beengtheit diese Patenschaft übernehme.

Und wenn ich mir bewußt werde, daß ich Angst habe, sollte ich immer noch versuchen, meine Entscheidungen aus Liebe zu treffen, auch wenn es mir in diesem Moment schwerfällt.

Denn es kann ja nur eine Entscheidung von mehreren die richtige sein: die, die dem Entscheidenden und denen, die von ihr berührt werden, Freude bringt. Deshalb sollte ich mich vor allen für mich wichtigen Entscheidungen selbst befragen, mein Herz befragen, was richtig ist. Mein Körper wird mir eindeutige Signale senden, ob er sich wohl fühlt mit meiner Entscheidung oder nicht.

Treffe ich ständig angstgetriebene Entscheidungen, nimmt mir dies mehr und mehr Energie und macht mich letztlich krank. Gesundsein heißt, in Frieden mit mir selbst sein, ausgeglichen und weitestgehend frei von Angst. Gesundsein ist der äußerliche Ausdruck der Freude, die ich mir täglich in jedem Lebensbereich selbst bereiten kann, denn ohne Freude gibt es für mich keine Gesundheit und vor allem kein Lebendigsein. Der Dichter Jonathan Swift hat einmal gesagt: »Ich wünsche dir, daß du an jedem Tag deines Lebens tatsächlich lebendig bist.« Genau das wünsche ich Ihnen. Und wenn wir die Freude in unser Leben tragen, wenn wir Tag für Tag und in jedem Lebensbereich ein wenig für uns und für andere tun, dann spüren wir, wie wir mehr und mehr das Leben in uns aufnehmen und mittendrin sind, wirklich lebendig sind.

Seien Sie gütig mit sich selbst. Behandeln Sie sich selbst so, wie Sie gern von anderen behandelt werden möchten. Nehmen Sie sich Zeit für sich selbst. Suchen Sie manchmal Ruhe auch in der Natur, damit Sie spüren, wie sehr Sie in Einheit mit ihr sind.

Das, was ich Ihnen mit diesem Buch mitgeben möchte, ist, wie Sie die Freude in Ihrem Leben wieder aktivieren können. Dies ist die Essenz dessen, was ich seit meiner Erkrankung erfahren und erleben durfte, und ich möchte hier diese Erfahrungen mit Ihnen teilen. Es handelt sich bei den Ratschlägen, die ich weitergebe, keineswegs um Anweisungen im Stile von: So geht es und nicht anders. Vielmehr wollte ich Ihnen einen gangbaren Weg aufzeigen. Das heißt auch, daß ich offen bin für andere Erfahrungen und neue Wege. Das heißt auch, daß ich mich gelegentlich zu meiner eigenen Inkonsequenz bekenne, wenn es mir nicht gelungen ist, gemäß meinen eigenen, in diesem Buch vertretenen Maximen zu leben. Auch ich bin ein Mensch wie jeder andere, und ich darf Fehler machen. Genau wie Ihnen ist mir klar, daß manchmal zwischen der Erkenntnis, daß etwas gut und richtig ist, und deren konkreter Ausführung eine Lücke besteht. Und das betrachte ich als eine meiner Aufgaben im Leben: Das, was ich erkennen durfte, konsequent umzusetzen.

Jeder Tag ein Abenteuer – das beinhaltet auch, daß ich

mich ständig weiterentwickle und daß sich morgen schon Erkenntnisse für mich auftun, die eine meiner Auffassungen grundlegend ändern können. Ist es nicht das, was das Leben ausmacht? Freuen wir uns doch auf das, was das Leben jeden Tag für uns an Überraschungen bereithält, statt uns krampfhaft an dem festzukrallen, was wir schon kennen und wissen, statt uns auf unserem vermeintlichen Sicherheitspolster auszubreiten.

Frei und offen für alles und alle an das Abenteuer Leben gehen, gut mit mir selbst sein, an mich und meine Fähigkeiten glauben und meinen eigenen Weg gehen, auch wenn dieser Weg mitunter steinig und mühsam scheint, das ist es, was die Freude in mir aufsteigen läßt, was mich mich selbst fühlen läßt und mir das Bewußtsein von Harmonie, Ausgeglichenheit, Einheit, Frieden und Glück beschert. Freude und Glück, die Sie in jeder Zelle Ihres Körpers spüren können und die Sie jeden Moment auf das tiefste genießen lassen, so daß Sie sich wie der Türmer in Goethes Gedicht sagen können: Es ist doch so schön!

Literatur

Bantzhaff, Hajo: Das Arbeitsbuch zum Tarot (mit Karten), München 1995.

Barbach, Lonnie: Mehr Lust, Hamburg 1990.

Carnegie, Dale: Sorge dich nicht, lebe!, Bern 1997.

Chopra, Deepak, Dr.: Die heilende Kraft, Bergisch Gladbach 1989.

–: Die Körperseele, München 1993.

–: Die Körperzeit, Bergisch Gladbach 1994.

–: The path to love, New York 1997.

–: Die Rückkehr des Rishi, Paderborn 1990.

–: Die sieben geistigen Gesetze des Erfolgs, München 1996.

Comfort, Alex: Joy of Sex, Frankfurt 1981.

Dreikurs, Rudolf; Soltz, Vicki: Kinder fordern uns heraus. Wie erziehen wir sie zeitgemäß?, Stuttgart 1997.

Feldenkrais, Moshé: Die Feldenkrais-Methode in Aktion, Paderborn 1990.

Goleman, Daniel: Emotionale Intelligenz, München 1996.

Gray, John: Männer sind anders, Frauen auch, München 1993.

Hawking, Stephen: Eine kurze Geschichte der Zeit, Reinbek 1988.

Herrigel, Eugen: ZEN in der Kunst des Bogenschießens, Bern 1988.

Hesse, Hermann: Siddharta, Frankfurt 1974.

Johnson, Spencer; Blanchard, Kenneth: Der Minuten-Manager, Reinbek 1983.

Ramtha, Eine Einführung, Peiting 1997.

Redfield, James: Die Prophezeiungen von Celestine, München.

Robbins, Anthony: Grenzenlose Energie – Das Power Prinzip, München 1991.

Silva, José: Die Silva-Mind-Methode, München 1990.

–: Der Silva-Mind-Schlüssel zum inneren Helfer, München 1989.

Temelie, Barbara: Ernährung nach den Fünf Elementen, Sulzberg 1994.

Adressen

Ilse Elisa Dorandt (Meine Therapeutin)
Dorandt Relight Form
Postfach
50858 Köln

NLP – Institut MUTABOR
Ulrich Hoening
Donnersbergerstraße 22 a
80634 München

Friederike Stalf
Fachärztin für innere Medizin
Naturheilverfahren
Planegg, bei München

Das Buch, das viele Menschen bewegte

Eva-Maria Sanders wurde mit der niederschmetternden Diagnose konfrontiert: Krebs – nur noch sechs Wochen zu leben! Sie beschreibt, wie sie auf dem Weg zur Selbstheilung lernte, Dinge anders wahrzunehmen und anders zu bewerten. Ein Buch voller Kraft und Hoffnung, das zeigt: Jeder hat immer eine Chance!

NYMPHENBURGER